从创新,到未来

北大创新评论产业研究案例库(2019—2020)

INDUSTRIAL INNOVATION RESEARCH CASE BASE
(2019—2020)

北大创新评论学术委员会 编　　张越 主编

主　编

张　越

副主编

朱垒磊　陈　萌

编委会成员

慈　锋　谢　艳　杨贻兰　曹明浩　蔡润维　陈荣根　许　晖
檀　林　孔庆斌　张涵诚　李　扬　易鸿达　檀　庆　郭政纲

编者的话

2019年年中,我们启动了《从创新,到未来——北大创新评论产业研究案例库(2019—2020)》(以下简称"案例库")的汇编工作,在一年时间内收到来自企业、投资机构、科研机构的大量案例推荐及投稿。编委会秉承北大创新评论"分享前沿学知,创新产业变革"的主旨定位,从各案例对于产业创新发展的借鉴意义和前沿指导性出发,经过层层筛选,最终在"智能科技""企业服务""产业协同""数字经济""智慧管理"五个领域确定入选案例,并集合成册。

最终入选案例满足"社会效益"和"创新价值"两方面的产业研究代表性。入选案例既展现了企业通过提高内部管理效率、提升产业链连通性等方式提质增效,实现社会效益;又具备独有的创新亮点,在模式创新、硬科技创新、产品创新等方面具有可借鉴的创新价值。案例原始资料及图片均由企业提供,经编委会整理、提炼、审定并点评,形成可供学界及业界参考、学习、讨论的标准文本。在案例筛选过程中,我们尤其注重了企业所在行业及领域的覆盖性,力求为科技型企业及传统企业提供不同的洞察及思考角度。入选案例中涉及的企业从弘扬企业价值、助益产业发展的角度出发,均已许可案例内容的公开发表及学术引用。

"从创新，到未来"，北大创新评论将继续致力于助推多元智略的交叉融合与革新发展，见证中国企业升级创新内核、重塑产业格局，期盼中国经济走向更加广阔、更加坚实的未来！在此也向对案例库汇编工作给予帮助的教授、专家学者及编辑同事表示衷心感谢！

北大创新评论学术委员会编委会

2020 年 8 月

序言 | 创新与企业家精神

曹和平 北京大学经济学院教授

150多年来，人类组织经济的形式在不断地变化和演进，但有两个关键的变化超出了人们最初的理解范围。一个是20世纪初美国经济学家泰勒提出的管理模式，他认为企业管理从经验上升到科学并标准化是提高效率的金钥匙。随后的100年中，追求效率的计件工资制度因早期将工人捆绑在机器上而被诅咒，直到20世纪80年代末期高度信息化的自动化车间才展现出泰勒管理理论的合理性潜力。另一个是最近15年来出现的数字技术支持下联网共享经济所独有的第三方平台企业形式，这种过去仅在律师事务所和设计师事务所存在的合伙人制度，在数字经济时代被升华了。原来律师们为节约成本形成的合伙人经营模式，被上升到了总部经济的高度。一种在大宗商品集聚区、租赁超市和厂商中间拼市场的成千上万家小微、微微中介，在第三方平台经济中以近乎零成本的方式获得了自己的总部服务收益。

合伙人平台模式不仅发挥了泰勒管理理论下劳动资源在上下道工艺顺序上节约成本的科学性，而且还激发了劳动者成为管理者的效率优化潜力，更激发了劳动者成为所有者并在工作中担责的再保险潜力。这时人们才发现，泰勒管理理论，在人力资源和组织资源动员的意义上，仅仅是挖掘优化了劳动和组织之间流程环节的潜力，是一种线性资源动员模式。数字技术支持下的第三方平台组织形式，则是在组织、劳动和制度三合一的意义上，于劳动环节、管理激励以及所有者责任三位一体下的复杂创新。在数字化、绵密网格、智能机器的综合推动下，数字技术对应的组织形式可以从企业拓展到经济、社会、人文等各个领域。

《世界是平的》的作者托马斯·弗里德曼教授直言道，这是一种指数形式的，而不是大车间线性形式的黄海技术报酬率，是与传统创新形成的蓝海技术报酬率不同的新经济形态。在数字技术支持下，厂商车间内的信息生成和传输升级，要求车间之间和厂商之间的传输网格也发生相应变化（社区消费也是这样）。信息通量由海量数据向天量规模升级。数字高速通道网在天量数据传输及第三方平台"前—中—后"错综节点运营功能作用下出现神经网络性自生长（比特币的中央顶层账户网络在区块链导引下在网络大系统的亚系统中自生成）；认证程序由工商金融时代人格身份价值的多环节烦琐认证转向数字化电磁身份多维数据包络特征向量值高阶算法的瞬时认证，赋值、确权、授权、存储以及询价交易瞬时完成；国家安保网络保护下的商业根服务器在周边外围生成次根、躯干、枝蔓和叶片式终端智能反馈；"中枢—外围"式的瞬时绵密传输反馈使得联网共享设施（不是工程学意义上的工业互联网和万物联网）在相对脱离人的大脑的意义上向类人智慧层面升级，内生了庞大无边的边缘计算力建设需求。在大尺度经济中，千亿万亿级枢纽网格企业的出现不再是类似微软和苹果等公司令人咋舌的奇迹。一个连接"中枢—外围"运营过程的算力体系，使得传统经济的"生产—交易—金融—消费"也在划一的意义上灵动起来了。这是存量国民经济体系孕育成雏的一种全新经济形式：数字经济时代到来了。

值得提及的是，虽然新经济使得传统组织边界日益模糊，但在世界范围，多数"平台类"企业都是民营企业。显然，数字技术和市场经济的潜力可以共存，瓦尔拉斯、哈耶克、赫维茨等研究的价格机制可以有效配置资源。但在数字技术生成的第三方平台中，"大数据"可以帮助我们在局部均衡上实现节约，比如土地拍卖、保险机制、劳动力市场等。但是，大数据、人工智能、边缘计算以及算法语言，已经是一种公共品意义上的计划经济了。数字技术支持下的联网共享经济，让市场经济和计划经济在新的业态上走向了合一，哈耶克们极端了。

经济逻辑的裂变对固有组织形式具有摧毁性的影响，熊彼特"创造性毁灭"理论深刻地总结了这一裂变在毁灭的同时带来大进步的秘密。大数据和人工智能的进步，要求企业家和组织领导者重新理解工具的辅助意义。天量数据资源的瞬时处理，在为市场主体提供空前机会的同时，也带来了认知和发展上的挑战。在今天，获取竞争优势的办法是应对持续的不确定性和复杂性，而不是根据一堆已知的或者相对稳定的变量进行选择。我们应该在快速变动的趋势中，寻找相对稳定的经济或者商业逻辑——寻找这些最本质逻辑的能力，我们习惯将其归结为企业家精神的一部分。培养认知数字化趋势和规律的思维架构，需要以创新性、整体性、非线性的战略思维去考量、摸索行业的发展趋势——这也是北大创新评论学术委员会编辑整理这套系列产业转型案例的初衷。

真正的企业家是能够越过数据，对经济数据背后的大势有所判断的。从最纯粹的创新精神的角度出发，能够真正帮助我们预测经济逻辑变化、经济体系进步的并非"大数据"结构本身。我们长期坚持的企业家精神，本质上还是人在发挥最根本性的作用。基于静态或者历史数据逻辑的大数据乃至被算法左右的人工智能，的确可以给我们的思维插上翅膀，但在人类文明的方向性探索和综合平衡的掌控上，它们并不能取代人类的智慧。

希望更多具有创新思维和改革勇气，坚持企业家精神的新一代企业家不断涌现！

目录

第一章　智能科技的颠覆式创新

微软亚洲研究院：AI 技术与金融投资的智能化应用 / 003

达观 RPA：集成自研人工智能技术的自动化机器人 / 013

快仓智能：AI 机器人在医药物流中心的智能化应用 / 022

Airdoc：人工智能在健康风险评估中的应用 / 032

米信教育：基于 AI 应用的学生成长力大数据系统 / 040

惊帆科技：人体无创采集脉搏波云服务平台 / 049

易特科："AI+ 慢性病管理"应用实测 / 057

第二章　数据变革企业服务行业

明略科技：大数据在制造业故障诊断和预测性防护中的应用 / 069

中国人寿财险：构建高效 IT 作业管理平台，实现智能化管理 / 079

权大师：互联网 + 知识产权智能化服务平台 / 088

深思平台：构建企业 AI 核心能力，提升智能决策质量 / 098

易快报：敏捷的企业报销与费控管理平台 / 108

云徙科技：营销数字化帮助日化企业打造超级用户体系 / 119

第三章　产业协同构建智能生态圈

众农联：创新产业整合打造现代农业生态体系 / 133

中信梧桐港：大宗商品供应链产融生态圈 / 142

彩虹无线：建设前装车联网数据生态圈 / 152

慧科集团：产教融合推动战略性产业人才培养 / 164

贝壳找房：打造产业互联网"新居住"综合服务平台 / 172

博克科技：服装云定制的 C2B 智能服务平台 / 180

第四章　数字经济释放创新潜能

霸蛮科技：产销一体的数字化餐饮零售终端构建 / 193

福田欧马可：数字体验店重塑商用车终端新形态 / 203

悟空租车：S2B2C 模式整合租车产业链实现规模发展 / 211

爱动超越：智能车辆效率管理的工业互联网应用 / 220

石墨文档：高效作业，多人实时协作的在线文档处理 / 229

第五章　智慧管理的创新之道

Udesk：全场景智能客户服务管理系统 / 243

数本科技：以智慧精益打造智能化工厂 / 250

悉见科技：MR 数字孪生城市空间信息引擎 / 259

易航科技：海南省政务大数据体系建设 / 268

象辑科技：气象应用场景的 MLOGData 大数据平台 / 279

小库科技：多维城市数据平台 / 289

第一章

智能科技的颠覆式创新

微软亚洲研究院：
AI 技术与金融投资的智能化应用

摘要： 微软亚洲研究院自成立以来专注于人工智能的前沿技术探索，近年在机器学习、社会计算、自然语言、视觉计算、知识计算、语音处理、数据智能、搜索挖掘、交互设计等前沿方向均有世界领先的成果发布。在人工智能时代，微软亚洲研究院走出实验室，致力于推动前沿科技与产业场景的创新融合，2017 年 6 月微软亚洲研究院携手国内知名基金，共同推动金融智能领域的研究和项目落地，目前项目已经取得了阶段性的成果。

关键词： 金融投资　人工智能　智能投研　机器学习

1. 背景说明

工业革命延伸了人类的体力，人工智能扩张了人类的脑力。方兴未艾的人工智能，正在接替互联网开启下一轮数字化科技革命，催生了一大批千亿级乃至万亿级的新经济产业和投资机会。随着近几年人工智能风起云涌，机器学习、图像识别、语音识别等多个领域取得突破性进展，人工智能已从科学家实验室的前沿论文专利探索阶段，进入了产业落地的高速发展时期。在拥有海量数据、应用需求庞大的金融行业，有远见的金融创新探索者们，近年来已开始尝试通过大数据积累，结合先进的算法和云平台的强大算力，实现金融的 AI 智能化创新尝试。

在 1998 年微软亚洲研究院最初成立时，微软开始深耕人工智能领域，旨在探索计算机技术可能的未来。通过 20 余年的不断投入，如今已在机器学习、自然语言处理、语音识别、计算机视觉等领域积累了诸多突破性的科研成果；在建立真正的人工智能系统方面取得了切实的进展；利用在深度学习，强化学习，机器人、综合智能以及其他人工智能发展领域的专长持续推动相关技术的进步；并凭借自身的技术沉淀继续扩大在这一领域的优势。

2. 课题挑战

金融市场参与者有基金、社保、私募、保险公司、大股东、散户等不同群体，各个市场参与者的资金来源、投资经历、投资知识、预期收益率、操作模式、投资周期有所不同，而投资预期周期和资金来源的不同，进一步加剧了投资者群体内部的分化，一千个投资者可能有一千个不同的投资关切。

以拥有超过 200 名投研人员的国内某基金为例，其在多年的投资中积累了大量的研究方法和实战经验。如何有效利用这些既有的历史数据和投资经

人工智能在金融投资中的独特优势

验,敏锐捕捉市场的动态变化,更加准确地预测市场走势,取得超越市场一般水平的收益率,是智能金融投资希望能解决的难题。

人工智能,相比人类投资者,没有贪婪和恐惧,在投资中的巨大优势就体现出来了。人工智能技术和投研体系的结合,可以增强数据挖掘能力,无论是在主动投资还是被动投资领域,帮助投资机构拓宽视野,捕捉更多投资机会。因此可预见的一段时间内,机器人辅助投资将很快体现出竞争力。该基金与微软亚洲研究院以人工智能在金融服务领域的应用展开战略合作研究,旨在探索智能投资的新方向,推动资产管理的行业智能化转型。

而金融投资领域的人工智能应用,课题挑战也是多方面的,一方面国内A股的游戏规则正在变化,逐渐往价值投资的方向发展,过去偏概念投资时代所积累的数据价值并不高,需要积累新的数据,让深度学习训练新的决策模型;另一方面,国内的政策引导对市场影响也很大,突发性的政策,会对决策模型产生很大的干扰。正所谓"别看广告,看疗效",该基金对于智能投资的研究探索最终成效的检验还是要回归到未来的投资回报率是否有提升、提升幅度多大上。

3. 创新描述

2013 年,全球最大的对冲基金联合微软创立了 AI 团队,专门研究智能投资。该团队设计出一套交易算法,通过历史数据和统计概率预测未来趋势。相对于传统投顾,人工智能投顾可以永远保持冷静,并拥有更快速的反应和强大的数据处理能力,随着端到端学习能力的不断完善,人工智能投顾服务能够更加优化,同时服务体验将进一步完善。人工智能与金融相结合的深入研究,正在助力实现金融业务的智能化、自动化。在该基金与微软的创新合作中,有三个主要的探索落地方向——智能投资、智能投顾和智能客服。

3.1 智能投资

第一个智能投资领域是双方合作研究的重点课题,研究方向包括通过模式识别预测市场走势、基于深度学习挖掘影响市场的重要因素、基于机器学习方法论进行行业轮动的研究、基于大数据构建金融图谱、基于社交网络与应用软件等使用数据识别并深度了解客户等,双方的目标共识是 AI 在不同环节辅助人的投资决策,以及程序化自动交易。

数据和信息处理环节:以往投资研究员需要花费大量时间,获取公司财务数据和行业动态等资讯,最后才能做出综合研判,人力时间成本较高。而 AI 全自动执行,不知疲倦,通过爬虫、自然语言分析等技术,在第一时间获取最有价值的投资信息,并能智能化地给投资人提示信号,辅助投资人及时进行投资决策。

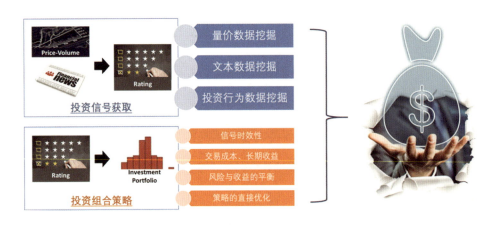

微软人工智能技术助力金融投资

投资决策环节：机器没有感情，也没有压力，可以避免人性贪婪和恐惧的弱点。它会基于既定的客观目标做理性决策，并且从过去的失败教训和成功经验中自主学习，不断优化投资判断、决策建议并逐步迭代学习，越来越智能。

交易模型优化环节：以往是量化交易分析师们对财务、交易数据进行建模，利用回归分析等传统算法，预测投资策略。数据的维度和模型的质量有较大局限性。现在的 AI 既可模仿专家以往的决策过程，生成可复制的模型框架，还能挖掘影响市场的重要因素，构建金融知识图谱，识别预测市场走势。

3.2 智能投顾

第二个方向是智能投顾，就像人类的私人投资顾问，AI 可以基于每个客户的风险偏好，智能化地推荐投资组合，更好地服务增量人群，这也是该基金过去想要尝试、但因为成本高而未能达到的服务能力水平。该基金以往只能通过开户填写"风险偏好问卷"来评估客户的投资偏好，颗粒度不够细致，维度和客观度也不够完整。而智能投顾就是要实现千人千面的投资组合，首先要对人的需求做刻画。每个人身上有众多互联网节点信息，可以通过地理位置、购买商品记录等信息，进行用户画像，从而定制不同用户的投资策略组合。

3.3 智能客服

第三个方向就是智能客服。机器借助语音识别和语义理解功能，能够及时准确地响应顾客在投资管理过程中的种种疑问，减少客服人力成本，实现"7×24"的良好客服体验。

4. 项目操盘节奏

微软人工智能在项目上取得了以下几个方面的成果：

4.1 量价数据分析

量价数据是股票投资里面非常重要的信息源之一，通常，投资经理会根据量价数据的时序序列来寻找二维的模式、时空的模式以此来预估股票的涨

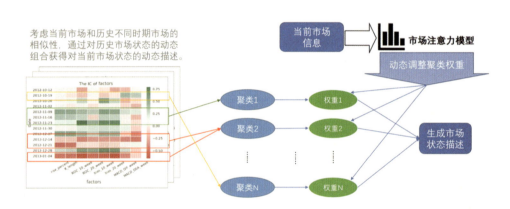

市场注意力模型

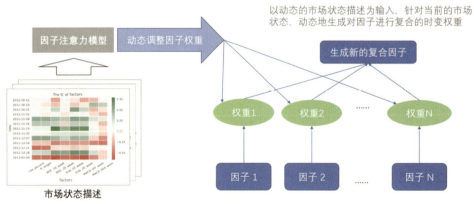

因子注意力模型

跌，何时买入、卖出股票，这种经验的抽取，一定会受到个人因素的限制，很难有最优性的保障。微软亚洲研究院利用人工智能技术，基于大数据和机器学习等技术手段，在金融投资模型研究探索中，提出了市场注意力模型、因子注意力模型等方法，寻找更加客观、更加有效的时空模式，来指导投资策略，获得更高效可靠的结果，从市场模拟和实盘回测来看，模型预测命中效果非常明显。

4.2 文本数据分析

机器可以利用分类，语义分析，市场分析预测股票走势的拐点。传统业务模式下，人类投资经理会根据他所熟悉的与此相关的若干文本数据源，依据理性判断来作出判断。但是人类很难有精力去利用互联网上海量的文本数据，而人工智能机器却可以参考海量的数据内容，让分析的结果更加全面、更加客观。但是对互联网上海量的文本数据的分析也并非易事，传统的统计工具和分类方法遇到巨大的挑战，模型的训练要用非常长的时间甚至长达百年。如果需要对文本数据作非常细粒度的分析，比如说需要区分超过百万个不同内容的主题，需要动用成千上万台机器用上几周或者几个月的时间。

这些看似不可能完成的任务，在微软亚洲研究院刘铁岩副院长带领的团队技术研究下取得了巨大的突破，实现了能够处理千万词表的人工智能网络LightRNN，这套系统可以把体量缩小上千倍，把可能需要几百年的时间缩小到一个月。同时拥有可以分析百万主题的人工智能模型 LightLDA 进行分布式部署，可以用只有几十台机器的小型集群，实现数百万量级的主题分析。通过这些拓展性非常强的轻量级平民化的 AI 技术，就可以对海量的文本数据进行超细密度的分析，运算时间大大缩短，几乎可以实时完成，也大大节约所需算力和成本。在金融信息的获取和处理方面取得了巨大的优势。

4.3 金融知识图谱

机器可以根据市场反馈调整之前的投资方案，对投资机构、散户等进行监测。通过与微软亚洲研究院的深入合作，该基金打造了全新的金融投资学习框架和资产配置策略，利用人工智能技术实现金融的智能化转型。

除了前面提到的原始数据以外，在投资的时候常常会利用一些信息，机器还可以根据政治事件、金融事件、经济事件，利用供应链的上下游关系，投资人和公司之间的关系等做自动推理。这需要解决的首要问题是如何构建一个可靠的、信息丰富的金融知识图谱；其次是当我们拥有大量的金融知识图谱的时候，如何去进行有效的分析和推理。

微软亚洲研究院拥有目前最高效的知识图谱的索引和分析的开源引擎，有了这种引擎的支持，可以对巨大体量的知识图谱进行实时的分析推理，使高阶因果关系发生改变，为其插上理性的翅膀。

投资经理还需要根据市场的反馈不断地调整之前的既定方案。如何能够实时地、快速地根据市场进行反应，并且能够对市场参与者，比如说投资机构、散户等的反馈进行处理经过建模成为致胜的利器，对此来自微软亚洲研究院

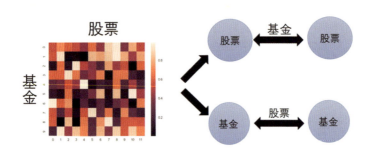

数据中蕴藏基金经理的集体智慧

的对偶增强学习、博弈机器学习等技术都大有用武之地，取得了领先优势。

人工智能算法需要强大的人工智能平台和技术平台作为支撑，微软亚洲研究院拥有的目前世界上效率最高的人工智能平台CNTK，CNTK在效率方面，无论是单机CPU的训练效率还是集群的训练效率都表现突出、力拔头筹。

5. 市场应用及未来方向

微软将研究院前沿技术和人工智能平台与基金投研团队的领域知识相结合，并以扎根中国的微软亚洲研究院的专家们作为金融智能科研技术后盾，双方正在共同打造一个由人工智能驱动的全新金融投资框架，这个智能框架包含了许多金融投资领域的前沿探索创新成果，如基于人工智能的端到端因子提取与动态复合、基于金融知识图谱的推理模型、基于博弈机器学习的交易和资产配置策略，等等。

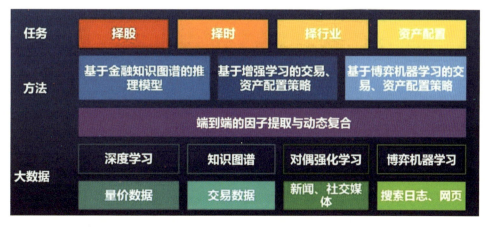

基于人工智能的金融投资框架

编委会点评

1. 社会效益

微软亚洲研究院关于 AI 在金融投资领域应用的研究，是前沿技术和领域专业知识融合，进而推动人工智能技术在产业落地的典型案例。微软亚洲研究院在中国二十余年来，一直致力于推动计算机科学前沿发展，代表着以人工智能为核心的下一代信息技术在中国的最高学术研究水平之一。计算机科学的进步，离不开海量的产业数据和高效的机器学习算法支撑。在智能投资、智能投顾、智能客服等金融智能领域，只有微软亚洲研究院和基金机构这样兼具互联网数据源、行业数据源、领域知识、人工智能技术、资金实力的跨界组合，才可能研究出具备高度实践价值的科研成果，推动人工智能在金融领域的落地应用。

2. 创新价值

通过对历史数据统计规律的挖掘和海量实时数据的模型分析，微软亚洲研究院将基金经理等金融从业者的投资意识和推理公式算法化、自动化，相对于人类投资者，人工智能可以永远保持冷静，以更快速的反应和强大的数据处理能力，捕捉投资机会、辅助人类决策。更好的算法，既可以纳入更多变量要素，提升系统精确度；同时可以大大降低运算时间和成本，在金融信息的获取和处理方面取得显著优势。

达观 RPA：
集成自研人工智能技术的自动化机器人

摘要： 在数字化经济、产业智能化转型的时代背景下，达而观信息科技（上海）有限公司（以下简称"达观数据"）作为文本智能处理企业，推出自主研发的集机器人流程自动化（RPA）、自然语言处理（NLP）和光学字符识别（OCR）技术于一体的智能自动化软件产品，让计算机协助人工完成业务流程自动化，大幅度提高企业效率。

关键词： 机器人流程自动化　RPA　智能化升级　产业服务

1. 背景说明

1.1 产业智能自动化升级的必然性

党的十九大报告提出，要推动互联网、大数据、人工智能和实体经济深度融合。当前，在数字化变革的时代背景下，加之随着中国人口红利的渐渐消退，人力成本不断抬升，如何使用新技术，降本增效，提升自身的运营能力，成为企业着重考虑的重点问题之一。

1.2 RPA 产品和技术逐步趋于成熟

RPA（Robotic Process Automation，机器人流程自动化软件），是一种新型的人工智能技术，核心是通过自动化、智能化的软件技术来替代人力进行重复性、低价值、无需人工决策等固定性流程化操作，从而有效提升工作效率，减少错误。

RPA 的技术起源于 20 世纪 90 年代早期，经过十几年的打磨和场景验证，产品本身趋于成熟，国内企业也逐渐开始接受 RPA 理念。海外 RPA 巨头公司 Uipath 在 2019 年年初获得 70 亿美元的高估值，更是吸引了国内资本和科技企业的广泛关注。

1.3 人力资源的释放与创新

随着办公系统的普及，各个业务系统的扩展以及无纸化办公的推广，如今已有大量的业务人员需要面对电脑，每天操作不同的系统应用软件或者登录不同的业务网站，不停地打开系统、网页或者文件，读取所需信息，再录入另外的系统、网页或者文件中。周而复始，不仅烦琐而且非常容易发生失误，造成不必要的损失。

这个过程虽然都有操作指南，但需要每位操作者亲力亲为，每次处理都依赖于操作人员的熟练程度，容易受操作者个人因素的影响。同时随着"90后"走上工作岗位，他们有其特定的消费和工作理念，更喜欢从事创造性和灵活性的工作，不愿意承接事务性工作。而流程自动化机器人，可以让系统按照事先设定的逻辑和步骤，处理各种相关事宜，代替操作人员进行重复性的劳动，从而将业务人员解放出来，从事更有创造性的工作内容。

2. 创新描述

达观机器人流程自动化（RPA）项目，集成独有的自然语言处理（NLP）和光学字符识别（OCR）技术，可以捕捉并模拟我们日常的键盘、鼠标操作，提供一套人机交互的软件自动化工具。达观 RPA 工具能够完成识别、触发、通信、计算、审阅、比对、文本生成等任务，自动执行高复杂性且标准化的业务流程。

达观 RPA 面向银行、证券、保险、金融服务、公共部门、运营商、制造业、能源电力、零售业等行业用户，高效且低门槛地连接不同业务系统，将业务流程中的重复性劳动进行自动化处理，为企业提供更智能、更灵活、更具效率的数字化"员工"，实现财务税务、运营管理、风控内审、信息技术、人力资源、客户服务等多个职能部门的自动化智能升级。

2.1 融合领先自研 NLP 和 OCR 技术，支持私有化部署和场景定制

达观智能 RPA 深度集成领先的自研 NLP 和 OCR 技术，可广泛用于财务、税务、金融、人力资源、信息技术、保险、客服、运营商、制造等多种行业

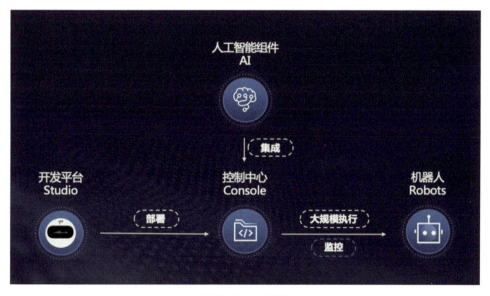

达观 RPA 产品架构

自动化场景，提升企业自动化能力。

达观自研NLP融合文本分类、文本摘要、文本审核、标签提取、观点提取、情感分析等功能，支持财务报表、合同、招股说明书、审计报告、法律文书、保密协议、债券募集说明书、简历、公告等38种类型的文档智能处理，支持JPEG、PDF、WORD、EXCEL等各种类型的文本抽取。

达观自研OCR融合图文检测、表格检测、污损及模糊文本识别等多种前沿算法，支持验证码（字母、数字、滑动拼图等）、发票、营业执照、身份证识别、房产证、火车票、建筑图纸等17种类型的文件识别及印章识别。

2.2 支持跨平台部署和云端部署、兼容主流国产办公软件

达观RPA采用谷歌Go语言，架构先进，支持跨平台部署，适用Windows、国产OS、Linux、Mac等操作系统，支持国产办公软件WPS、国产数据库、Chrome、IE、Firefox、APP、Email、Office、ERP等各类应用程序的自动化。

支持多种操作系统跨平台部署，支持多种国产和国际软件的自动化流程

2.3 产品灵活易用，任务管理更便捷

达观智能 RPA 采用独特的双引擎技术，支持可视化与编码开发模式，可以满足不同客户的流程机器人开发需求。同时达观智能 RPA 支持无人值守（定时触发）、有人值守（手动触发）和人机交互模式，支持多任务交叉并行。

3. 项目操盘节奏

达观 RPA 服务于财务、税务、金融、人力资源、信息技术、保险、客服、运营商、制造等多个行业，在售后工单处理、商业案例报告生成、供应商准入核实、智慧政务行政审批、金融文档的抽取验查和填写等多种场景中为企业搭建智能自动化系统。

3.1 案例概述

达观 RPA 在一网通办中的应用如下：

为了更好地改善城市投资环境及提升政府服务能力，作为公共服务领域的一项重大创新，一些城市率先成立"一站式"服务中心。政务服务中心的宗旨是为公众提供快捷、透明、高效的服务，它的成立从政府管制的角度看，是从传统模式下开辟出新的改革空间，具有相当的积极意义。但公共行政服务中心的运营也同时面临许多困难，主要表现在以下几个方面。

其一，不断增长的群众办事需求和办事人员不足的矛盾。随着社会经济的不断发展，政府部门需要处理的事项也在快速增长，办事流程中涉及的文件和资料也成指数级的增长，数据来源也更加多元。结合实际场景来看，这些数据中，非结构化数据占比达到了 80% 以上。但目前各级政务服务中心人员力量有限，传统的人工审批处理的工作模式效率较低，工作人员负担较重。

其二，在办事过程中，工作人员需要将群众提交的各类纸质文档多次录入各级政府业务系统中以满足监管和审批要求。这部分工作存在大量的重复劳动场景，工作人员需要花费大量的时间来处理这些事项。同时，由于在资料录入过程中大量使用人工录入，在录入的效率及准确率方面也很难保证，如果发生录入错误，会导致办事延期及群众重复跑路等情况。

以外国人来华办理相关证件为例，需要先后获取健康证明、工作许可证、居留许可证三种证件，申请顺利的情况下至少需33个工作日，也就是1个半月的时间，影响外国人来华工作体验，也给企业引进外籍高端人才带来较大的不确定性风险。

为了巩固和落实党中央和国家的部署，进一步优化和巩固线上服务与线下服务融合成果，助力政务服务中心线下与线上形成优势互补，促进政务服务智慧化水平不断提升，实现群众办事"最多跑一次"的效果，达观数据的政务服务RPA机器人构建的一网通办平台，实现了人工智能技术在行政审批服务上的改革创新。

3.2 应用效果

在创新过程中，第一步就由传统的填表改成了附件上传。上传附件后，机器对内容进行识别，将附件中需要填写的信息抽取出来，自动填写至页面中，用户只需要核实信息即可，通过智能识别将人工录入的内容从94项降低到27项。信息填报完成后，系统还会通过RPA机器人自动将申请递交到不同受理部门，实现流程由串联改并联，提升审批效率，节省申请人的等待时间。

第二步，进入审批环节。首先是机器进行预审，对用户提交的材料的完备性、一致性、合规性、真实性进行审核，审批时间由原来的12天减少到了5天。

系统上线后，自动化的审批方式，通过信息自动提取减少常规信息的录入，给用户提供了具有惊喜感的使用体验，提升了工作效率，同时大幅降低了因人为失误导致的材料不合格被退回的风险。

4. 市场应用及展望

4.1 市场应用

自 2019 年年初向市场推广以来，达观 RPA 已经为财税、政务、银行、保险、证券、基金等行业的近百家知名企业提供了流程自动化服务。根据不同行业的市场需求推出了财税机器人、出险审核机器人、监管报送机器人、信息自动填报机器人、开户机器人等多款 RPA 服务。

达观数据采用机器人流程自动化技术，让机器模拟人的操作行为，自动完成系统与系统间的数据对接。同时在查验学历学位证书真伪的场景，达观数据通过 RPA 技术，自动登录学信网、国外学位学历认证系统等信息服务平台进行材料真伪的自动鉴别。

4.2 未来展望

根据高德纳咨询公司（Gartner）最新公布的"2020 年十大技术趋势"显示，RPA 以部署便捷、使用简单、维护方便等特性夺得榜首。而埃森哲曾发布一项关于 RPA 应用的调查数据，超过 70% 的"世界 500 强"企业已经将 RPA 应用在各个业务领域，并且这一趋势正呈指数级增长。

展望未来，在机械性、重复性的文字操作能力上，计算机将逐步超越人类。10 年后，RPA 将代替人类完成 50% 的基础性文字工作。各类企业和机构都将配备相应的数字化"员工"，未来的办公形态一定是人机协同的，人和机器人做各自擅长的事，人负责更高层的决策判断、更有想象力的工作，机器人去做重复性的基层工作。

达观数据将进一步致力打造更智能、更兼容、更便捷的智能RPA产品，让RPA成为更好的企业数字化转型工具，实现"RPA+AI"在中国企业中的智能化应用落地与创新。

编委会点评

1. 社会效益

随着各行各业的智能化进程加快，提升效率和降低成本的需求兴盛，流程自动化的兴起成为必然。RPA 技术作为 AI 领域的最热门应用领域，之所以能够快速发展，正是因为抓住了企业的刚需痛点，让人力从重复性劳动中释放出来。针对不同行业中高重复性、标准化、规则明确、大批量的日常事务，设定 RPA 操作，可以优化企业的运营流程，提升行业的运营效率，助力实现全行业的智能自动化升级。

2. 创新价值

达观 RPA 创新性地融合了自研 OCR 的感知技术与 NLP 的认知技术，突破传统 RPA 无法处理的非结构化数据源问题，例如图片验证码识别、证件识别、纸质文档识别、合同抽取、财务报表抽取、报告生成等业务需求，将 RPA 技术跟中国本土企业的实际需求结合，落地发芽，帮助企业节省财务、团队职能人员成本，同时深入到业务流程之中，延伸了企业的自动化链条。在政务服务领域，更从 RPA 这个特殊的视角，助力了数字政府的实现。

快仓智能：
AI 机器人在医药物流中心的智能化应用

摘要：随着智能物流时代到来，智能仓储机器人已经被广泛应用在电商、第三方物流（3PL）、零售、传统制造等行业，国内几大电商巨头也纷纷将仓储自动化、智能化推向新的阶段。由上海快仓智能科技有限公司（以下简称"快仓"）与国内知名系统集成商一同携手打造的智能仓储机器人系统，将机器人引入传统医药行业，实现了国内首个将 AI 机器人在医药物流中心的智能化应用。

本项目 2017 年 10 月上线运行，占地面积 1 600 平方米，拥有存储货架 325 个、标准箱位 7 800 个、机器人 10 台，通过由"人找货"到"货找人"的转变，解决了传统医药物流劳动强度大、作业效率低、运作可拓展性低等弊端，提升了国药控股平顶山有限公司的物流整体运作水平。

关键词：人工智能　智能仓储　医药物流

1. 背景说明

作为以技术驱动的科技创业公司，快仓致力于打造下一代智能驾驶机器人及智能仓储操作系统，是智能化仓储细分行业的头雁企业，将领先的机器人技术赋能各行业，持续为用户输出整体智能解决方案。

近年来快仓始终不断拓展行业及应用场景,深入打造高效柔性智能机器人系统解决方案,通过智能驾驶技术连接四面墙内每个环节,让每一台智能机器人都具备智能驾驶、运动控制、通信系统、高环境感知、机器视觉等能力并服务更多实体经济。

公司成立五年来,已成长为全球第二大智能仓储机器人及智能订单履行系统解决方案和先进制造业自动化物流提供商,为菜鸟网络、中国邮政集团、国药集团、大润发、盒马鲜生、DHL、中国一汽、长安民生、来赞达(LAZADA)等国内外重量级客户提供智能机器人系统解决方案。截至目前,快仓智能机器人已出货超过 5 000 台。据快仓智慧大脑平台反馈:全球快仓智能机器人日均行驶距离可达 30 公里,每年运行里程数累计可绕地球 1 000 圈,单仓运行自动引导车(AGV)数量高达 850 台。

国药控股平顶山有限公司以药品纯销为主,主要从事药品、器械耗材及

快仓将 AI 机器人应用于医药物流中心

试剂医院直销、商业调拨和第三方终端销售,是具有全品种、全业态的医药流通企业,是平顶山市药品供应主力渠道。业务覆盖整个平顶山地区及周边郑州、许昌等地市,拥有县级以上大中型医疗客户 100 多家。

快仓智能此次与国内知名系统集成商联合推出的国药平顶山智能机器人系统,在医药行业智能机器人仓储系统这个空白领域进行深入研究、探索,让医药行业的智能化不再只是理想,加速推动了整个医药行业的智能化发展进程。

2. 创新描述

快仓智能仓储系统实现了智能化、网络化、敏捷化运行,为突破应用场景带来的性能边界,快仓搭建了更加可靠、可用于多种复杂环境的整体软硬件架构,实现了基于人工智能的无人驾驶控制模块。通过机器人自动充电、自动作业管理等,可使物流系统的自动化、信息化、智能化程度大幅提升,提升后的物流系统已经在国内外各种工业生产领域的自动搬运系统中普遍应用并受到广泛好评。

2.1 无人化

快仓智能仓储系统以移动机器人实现"货到人"作业方式,在所有涉及分拣库区的业务流程中(包括上架、补货、拣货、盘点、退货等),员工都无需进入分拣库区内部,只需要在工作站等待,系统会自动指派移动机器人将目标从货架运到工作站,待员工在系统指导下完成业务后,机器人再将货架送回到分拣库区,大幅提高作业效率,有效降低人工强度及成本。

2.2 物联化

智能仓储机器人不仅完成包括上架、拣选、补货、退货、盘点等流程的智能履行,同时还与 AS/RS,各式流水线+滑道、升降机等自动化设备完成了高效联动,提高整体作业效率。

2.3 网络化

智能机器人系统会对接用户 OMS/WMS,订单下达后,所有的资源调度与业务流程的推进均由系统主导,所有的数据流(包括表单)也由系统创建并维护,无需人工介入,员工只需要在系统(激光、灯光按钮,工作站人机界面等)的指示下,完成商品从货架上拣选、扫码、装箱等动作。具备自主学习、多场景支持、智能调度、无缝集成、动态优化、机器学习等模块。同时系统可以辅助机器人提高自主决策的能力,帮助客户优化订单顺序、优化仓库改造,同时能提高库存转化率,以最经济的方式高效完成订单。

2.4 智能化

快仓第三代智能机器人通过机器视觉和多传感器数据融合来实现"无码导航技术",通过预建图技术,将地面纹理组织为一个有效的地图,通过对于地图纹理的匹配和检索,可以有效提升定位的覆盖率、准确率、鲁棒性、速度等指标,尤其适用于人机混合、高速运输等场景。

工作人员现场监控运行数据

3. 项目操盘节奏

快仓智能拣选系统是由一系列的移动机器人、可移动货架、补货、拣货工作站、WMS 系统、RCS 系统等硬件及软件系统组成。以智能算法的软件系统为核,来完成包括上架、拣选、补货、退货、盘点等仓库内全部作业流程。

整箱药品到货后,由工作人员进行系统入库上架,然后由系统指派任务给快仓智能机器人进行整箱搬运并通过输送线将商品输送到工作站,操作员根据商品类型呼叫货架,拣货作业的机器系统根据上游订单,调动系统自动订单需求调度货架。

在本次医药行业智能升级转型中,要求原材料、半成品、成品等在每个生产制造环节快速高效流转,快仓提供的智能搬运系统的解决方案可用于解决点到点的垂直水平搬运,大大提高了搬运效率,并且还与 AS/RS,各式流线+滑道、升降机等自动化设备完成了高效联动,提高整体作业效率,降低劳动强度,堪称行业经典案例。

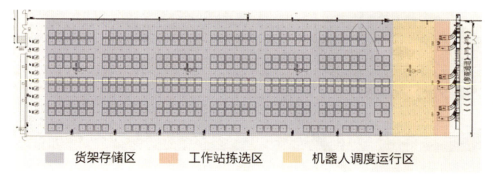

快仓智能拣选系统

3.1 上架流程

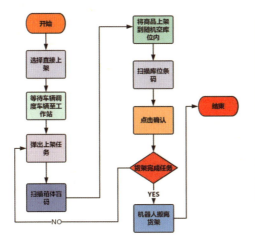

与出库不同,上架需要扫描箱体盲码及对应库位条码。

直接上架:选择直接上架时,工作站界面不显示接收的订单任务。并不影响完成系统订单。

收货:选择收货上架时系统会揭示选择收货单号进行上架。

注:通常上架主要以"直接上架"为主,便于操作。

完成所有上架任务时,工作站仍然有车辆调度过来,如果已经上架完成可以先"退出直接上架""申请下线"再根据实际所需选择是否取消未完成的任务。

3.2 出库流程

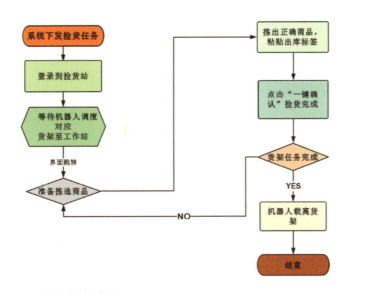

需要注意的是,出库时不需要扫描条码,但需要粘贴标签,切勿遗漏。

3.3 盘点流程

快仓智能从客户的行业属性、业务流程、商品类别、运营模式、仓库面积、系统对接等多个方面,抽取复杂场景中的相同特征并借助自身丰富的行业经验和专业方案的规划能力,为国药控股平顶山有限公司量身定制更柔性、更高效的综合系统机器人解决方案。

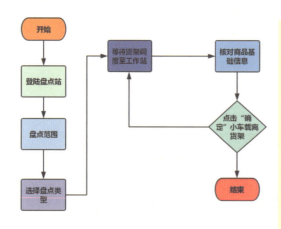

3.4、阶段性成果

降低劳动强度：相比传统人工仓，机器人运作效率提升 2～3 倍，快仓智能系统单台工作站拣选效率可达 250 箱/小时。

提高存储量：相比传统货架，空间利用率明显提升。空间利用率提升 15%，仓库储量提升 1.5 倍多。

快仓机器人应用场景

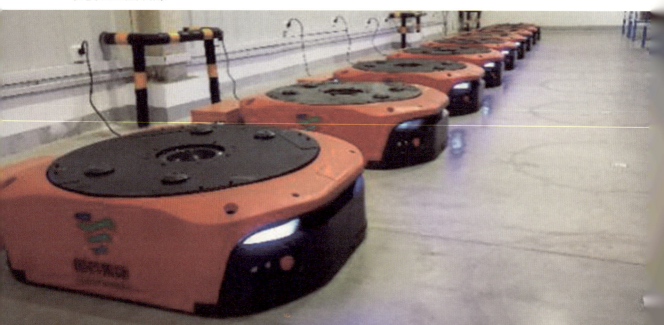

减少人工成本：节省 5～7 成人工，大大降低劳动强度，员工流失率降低 15%。每年可节省 200 万元。

实施优化，柔性决策：系统柔性灵活，可满足客户不同需求。

4. 未来应用及展望

随着医药行业的快速发展，机器人在医药仓储领域的应用有着巨大的发展空间和潜力，快仓深耕智能仓储机器人领域，打造的国药平顶山二期智能仓储机器人项目顺利上线运营，标志着快仓在应用场景得到了进一步升级和突破。

展望未来，快仓计划构建集研发、测试、制造、应用为一体的自主领先技术创新孵化链，建立智能驾驶技术难点创研试验公共服务平台，聚焦研发和优化，快仓提供基础技术架构和成熟可靠的机器人产品，用于测试创新性技术；建立智能仓储机器人产品安全性、稳定性验证实验室，聚焦验证和使用，快仓提供丰富的应用场景。

快仓机器人应用场景

快仓致力于成为专业智能仓储和供应链服务提供商，坚持实现"四面墙内智能驾驶，让人类不再搬运"的使命，全力以赴领跑中国智能机器人行业。快仓始终坚持超越客户需求，为客户的服务效率保驾护航。未来，快仓将专注于智能仓储领域，带动整个物流行业以及智能生态的创新升级，成为智能仓储领域专业、有责任心、有速度的行业代表。

编委会点评

1. 社会效益

人工智能、机器人、自动驾驶、深度学习、云计算等技术正在给全球企业的物流环节带来颠覆性影响，而像快仓这样的智能机器人系统解决方案提供商正是智慧物流时代的核心力量，它们提供的解决方案及产品助力企业降本增效、延展服务能力，或将成为全球企业的物流基础设施。

快仓从仓储和供应链服务出发，通过领先的"机器人+人工智能"技术，为制造业转型升级赋能，让AI等前沿技术走出实验室，最终实现"让人类不再搬运"的理想。

2. 创新价值

快仓提供"四面墙内智能驾驶"的综合解决方案，机器人是基础产品，智慧大脑操作系统是灵魂。运用快仓智慧大脑系统实现不同业务模式、空间、货物、设备之间的无缝连接和实时联动，使得用户的生产、物流、运维等各环节流畅无卡顿，业务的转型升级更加高效、柔性、低成本。

Airdoc：
人工智能在健康风险评估中的应用

摘要： 北京郁金香伙伴科技有限公司（以下简称"Airdoc"）健康风险评估系统是国际上第一批针对临床应用领域研发的，基于深度学习的辅助分析系统。系统基于视网膜影像可识别 30 种健康风险，如青光眼、黄斑变性等常见致盲疾病的视网膜表征，糖尿病、高血压等慢性病诱发的视网膜异常表现。

当前，Airdoc 慢性病识别技术在医院、医联体、基层医疗机构、体检机构、眼镜店等场景展开大面积应用，在减轻工作人员作业负担的同时实现了大规模健康风险早期筛查，对大众健康及健康风险预测技术的发展起到了推动作用。

关键词： 人工智能　视网膜影像　健康风险评估

1. 背景说明

1.1 人工智能影像识别

最近数百年，伴随科技的发展，医疗同样有了巨大的变革。伦琴发现了 X 射线后，这一技术被应用到医疗领域，可以客观看到病灶，造就了医疗影像学的快速发展。

目前我国医学影像数据的年增长率约为 30%，而放射科医师数量的年增长率为 4.1%，其间的差距是 25.9%，放射科医师的数量增长远不及影像数据的增长。通过 AI 的方式辅助放射科医师进行辅助分析成为市场的刚性需求。

近年来，人工智能发展迅速，很大原因是在图像识别上获得了巨大的进展。如今在医疗人工智能领域，绝大部分的企业和研究机构也都将研究及应用的重心放在图像识别领域。

1.2 Airdoc 专注视网膜领域

就眼科而言，目前国内有 20% 的县级医院没有眼科，全国眼科医生数量仅有 3.6 万人；与此同时，在中国，糖尿病患者数量高达 1.14 亿，高血压患者数量更是高达 2.7 亿（数据来源：2017 年国家卫生和计划生育委员会例行

用户体验 Airdoc 检测仪

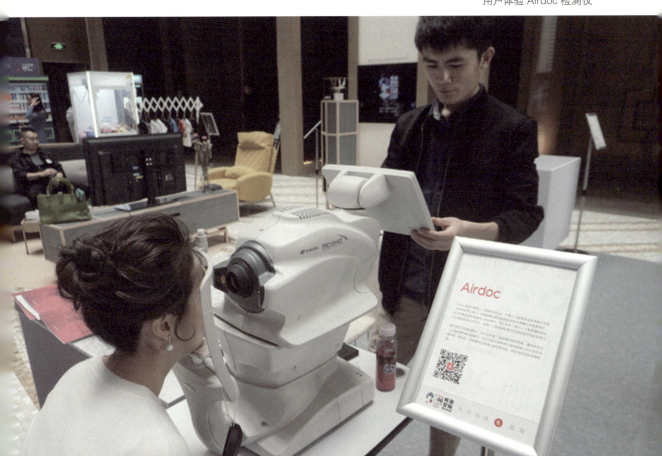

发布会），而视网膜病变正是此类慢性病最常见的并发症之一。但由于国内眼科专业人员的数量限制，通过技术手段进行预防检测难以大规模应用，如何将视网膜病变识别技术带出医院，带到更多病人面前，这是 Airdoc 所研究的领域，也正是人工智能可以显著发挥作用、造福社会的地方。

2. 创新描述

2.1 人工智能技术读片

人工读片具备主观性高、重复性低、定量及信息利用度不足、耗时及劳动强度和知识经验的传承困难等问题。而人工智能读片的优势体现在高效率、低成本。随着产品的成熟带动识别率的提升，人工智能读片的精准度相对人工读片也将形成更大优势。

2015 年成立以来，Airdoc 第一件事情就是进入不同医院，观察每个医院的不同需求，然后再通过和各不同科室的医生进行沟通，判断医生的需求。当前，Airdoc 通过对数百万张视网膜影像的训练，已经可以充分读取视网膜影像并完成健康风险评估，如青光眼、黄斑变性等常见致盲疾病的视网膜表征，糖尿病、高血压等慢性病诱发的视网膜异常表现。

2.2 智能化解决方案赋能一线操作人员

人工智能在医疗领域一个巨大的作用就是赋能。如果将眼科人工智能技术赋能给基层医生或者内分泌科医生，这样原本不具备视网膜影像识别经验的医生将能快速掌握这个能力。与此同时，眼科专业设备繁多且操作相对比较复杂，需要专门的人员通过培训才能够操作和使用。

Airdoc 通过 AI 魔盒技术可以解决基层网络问题，并提供智能化解决方案。

操作人员只需要对用户进行视网膜影像拍摄，视网膜影像会自动上传到云端，算法在云端自动分析视网膜影像，给出健康风险评估结果，而结果会实时发送到用户的手机端。

为了能够让用户能够更好地理解报告，Airdoc 还为不同的用户定制了不同内容的健康风险评估报告。同时，报告发送给用户的手机端，便于用户保存，并且便于用户建立电子健康档案、进行健康管理。

3. 项目操盘节奏

3.1 研发 Airdoc 慢性病识别算法

Airdoc 团队以视网膜影像为出发点，从国内外顶级医院收集数百万张医学影像、邀请 300 多位顶级教授进行交叉标注、构建多层深度卷积神经网络，最终研发出 Airdoc 慢性病识别算法。基于视网膜影像，识别 30 种健康风险，如青光眼、黄斑变性等常见致盲疾病的视网膜表征，糖尿病、高血压等慢性病诱发的视网膜异常表现。

为了保障高质量的学术水平和研发成果，Airdoc 与国内外顶尖的医疗机构进行联合研发，每一例样本的数据标注，都要经过多位医院专家独立标注交叉质控，最终保证数据"原料"的严谨。

3.2 将算法投入临床应用

2017 年 7 月 8 日国务院印发并实施《新一代人工智能发展规划》，是为了抢抓人工智能发展的重大战略机遇，构筑我国人工智能发展的先发优势，加快建设创新型国家和世界科技强国。推广应用人工智能治疗新模式新手段，建立快速精准的智能医疗体系成为了国家战略。

Airdoc 积极响应国家号召,实现智能影像识别,并将慢性病识别算法应用到基层,为基层医生提供了强有力的帮助。

"人工智能算法 + 视网膜拍照技术"实现了慢性病的长期有效管理,Airdoc 的人工智能算法识别医学影像让慢性病筛查变得简单、可行和低成本,"视网膜拍照 + 人工智能识别"可以实时准确识别和确认多种严重慢性病,让这些慢性病的早发现、早诊断和早治疗完全变成现实。

同时,Airdoc 产品的临床应用为糖尿病、高血压及其他心脑血管疾病医生提供了一个直观、高效的健康风险筛查工具,造福几亿慢性病患者,大大提高了患者的生活质量和疾病的治疗效果。

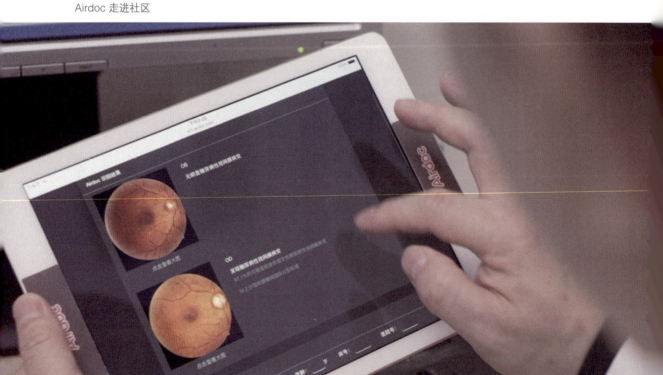

Airdoc 走进社区

4. 市场应用及展望

为了让人工智能可以服务每个人,Airdoc 研究出多条应用路径。

4.1 Airdoc 院内临床应用

以上海应用为例,Airdoc 和上海市静安区市北医院展开合作,启动了沪上首个人工智能筛查项目,通过人工智能强化基层服务能力,将慢性病筛查的关口前移,重心下沉,为静安区居民带来全新的就医体验,为静安区利用人工智能技术进行慢性疾病普查打下坚实的基础。此后,静安区北部地区医疗服务共同体的多家单位也将加入合作,实现人工智能技术在上海市眼科临床领域的首次落地应用。

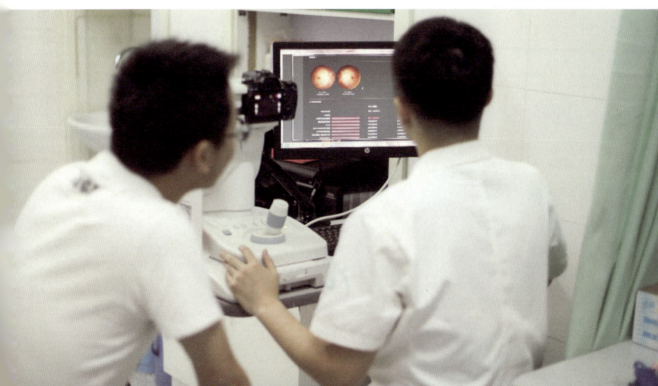

Airdoc 走进社区

4.2 Airdoc 院外临床应用

Airdoc 积极和政府部门展开合作。以广州应用为例，与广州市越秀区疾病预防控制中心（CDC）和中山大学中山眼科中心展开合作，走进社区对越秀区的居民进行健康风险筛查，结合前沿人工智能诊断及风险评估系统，为居民提供进一步健康风险建议。

与此同时，Airdoc 与星创视界（中国）集团有限公司和爱康国宾健康体检管理集团有限公司达成了战略合作，为用户建立电子健康档案，根据用户的行为习惯，在体检机构、眼镜店和办公场所投放了 Airdoc 健康风险评估产品，在院外为用户提供服务。中国每年都有千万量级以上的体检用户和验光配镜用户，Airdoc 的进入可以为众多用户提供服务，帮助用户获得专家级别的视网膜检测服务。

编委会点评

1. 社会效益

Airdoc 从视网膜病变识别这个预防、诊断环节入手,建设视网膜医学影像数据库,将医学专家的能力数据化、算法化,赋能给基层医生和基层医疗卫生机构,从而实现了普惠医疗,将这个医学领域的共同经验提炼、结晶,以更效率和更便捷的方式提供出来,实现了社会效益的最大化,是人工智能的技术进步可以造福社会的优秀注解。

2. 创新价值

Airdoc 团队以视网膜影像为出发点,从国内外顶级医院收集数百万张医学影像并邀请医学专家标注,相当于将全球优质的医院、优秀的医生的诊断结果集合到一起,形成了可以供全人类共享的视网膜医学影像数据库。在这个数据库基础上构建的 Airdoc 慢性病识别算法,相当于吸纳了众多医学专家的诊断经验,提炼并形成知识库,集众家之所长,成算法之精华,可以说是医疗专家智慧的共同结晶。

米信教育：
基于 AI 应用的学生成长力大数据系统

摘要：学生成长力大数据系统由深圳市乐乐米信息技术有限公司（以下简称"米信教育"）研发，旨在构建新型移动互联网教育和大数据管理平台，为教育管理部门提供社会数据、应用数据、专用数据的融合与分析。应用包括校务管理、教学管理、安全管理、成长管理、综合素质评价系统和教育评价系统，并以开放的 API 接入模式，汇聚教育应用和教育资源，打造学校—学生—家长共同成长的教学生活一体的综合服务教育生态链。

基于人工智能大数据技术在智慧校园管理应用方面的研究，学生成长力大数据系统在中小学校成功应用于研学课程的开发与实施，通过该系统为学生数据画像，构建评价型智慧校园提醒，建设学生成长过程数据系统，实现知识图谱的场景化教学，为学校和教育局赋能。

关键词： 教育数据　学生成长力　智慧教育

1. 背景说明

《国家中长期教育改革和发展规划纲要（2010—2020 年）》把教育信息化纳入国家信息化发展整体战略，预计到 2020 年基本建成覆盖城乡各级各类学校的教育信息化体系。充分利用优质资源和先进技术，整合现有资源，构建先进、高效、实用的数字化教育基础设施，推进数字化校园建设。加强优质教育资源开发与应用，加强网络教学资源体系建设，建立开放灵活的教育资源公共服务平台，促进优质教育资源普及共享。鼓励学生利用信息手段主动学习、自主学习，增强运用信息技术分析解决问题能力。

智慧校园的建设主要是要有利于学校现有系统的整合和以后系统的扩展，而学校信息系统的整合主要包括数据应用的集成、业务流程的集成与重组、应用界面的集成。通过信息化服务平台，将资源、数据、信息和应用流程，按照基于服务的方式整合起来，使它们之间彼此互相关联，数据共享、融通，并通过组织和业务流程再造，有效协调人员、资源，以提高教学、科研、管理、办公、学习方面的整体办事效率。采用基于面向服务的架构（SOA）的方案可以实现IT与业务的紧密结合，贴合满足个性化需求，同时其快速应变能力能够灵活响应各种需求变化，支持教育改革和创新。

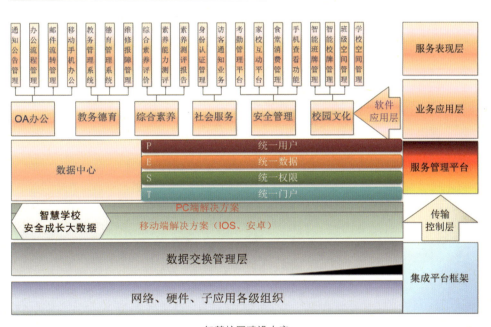

智慧校园建设内容

米信教育通过实现 IT 与教育业务的紧密结合，贴合满足个性化需求。方案主要提供三个方面的整合能力，即用户界面整合服务、应用流程整合服务、数据整合服务，以实现学校信息系统海量数据搜集、寻找数据规律、预测事件发展的智慧校园管理功能。

2. 创新描述

学生成长过程数据尤为重要，充分记录学生的成长过程是教育部门一直想做的事情，是培养全面发展的人的核心工作之一，涉及教育信息化 2.0 的真正实现。经过 4 年的研究和探索，米信学生成长力大数据平台具备创新的数据收集和数据分析体系，能有效支撑在校园各个场景下获取学生的多元数据，

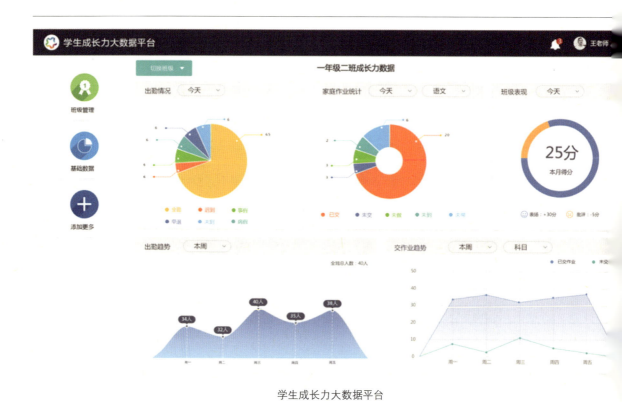

学生成长力大数据平台

实现过程收集无感化，激活教师班级管理和数据管理的热情。

通过学校各类评价维度的梳理和融合，形成一套学校自发展的评价体系，构建学校自主的成长大数据库，以更有价值的数据资产为校园长效治理提供支撑；通过认知能力、课堂表现、作业、考勤、学科素养、社会实践、兴趣课程、家庭数据、项目式学习等场景的数据融入，形成丰满生动的数据画像，为学生各阶段升学形成个性化报告，为每学期形成智能化期末能力评价。

学生成长力大数据平台教师应用端

移动终端实时数据

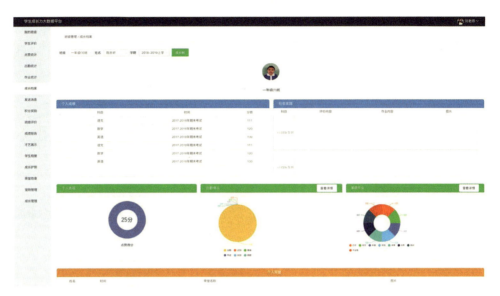

动态成长档案

以深圳市南山区某外国语学校为例,该学校重视学生多元能力发展,开设300多门特色课程,让学生充分根据自身兴趣发展。米信教育为学校提供综合能力大数据平台,支撑学生的成长画像和兴趣画像的刻画,为家长和孩子提供更清晰的自我认知的途径。

平台搭建在物联网无线信息采集与交互平台上,通过对"智慧应用"的数据整合,实现智能校园信息资源的共享与交换。系统基于门户网站、手机客户端、短消息、邮件等方式,形成学生成长记录、教师专业发展档案和学生评教体系。

3. 阶段性成果

教育进入 3.0 时代，以个性化学习为主导的教育改革方向上，米信教育聚焦学本中心的思路，为教师提供更多的辅助工具，利用大数据和人工智能技术在教学场景和能力场景下提升教学效能，减少学生重复学习时间。在为学校搭建评价驱动型智慧校园的框架下，米信教育建立了过程数据采集体系，运用"大数据分析能力＋学科能力"，让教师愿意深度地参与学生的能力评价，促进、激励学生自主学习。

米信系统在评价数据采集方面的创新设计能真正打动老师，能让老师通

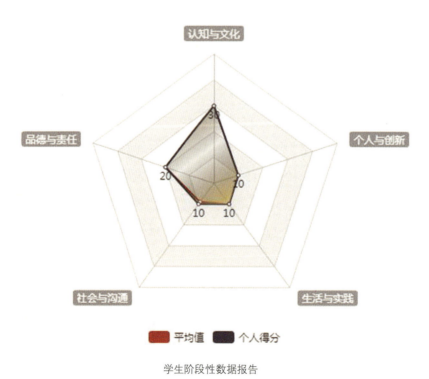

学生阶段性数据报告

过在教育过程中的点滴积累，形成观察学生的窗口，便于优化教学方法。主要表现在以下方面。

一是，以数据的视角梳理校园综合评价模块，所有评价模块数据化。

二是，按学科素养进行学生观察点指标体系融入课堂设计，成为学生个性化的数据源。

三是，打通认知能力和综合能力的数据融合，建立权重的特色化设计。

目前米信系统在利用信息技术为教育各个环节赋能得到了用户的认可，在全国拥有 2000+ 的校园用户。

4. 市场应用及展望

米信学生成长力大数据平台采取循序渐进的方式推向市场，先小区域试点，再分批在深圳市全市推广，计划在 2022 年形成全市的学生能力图谱库。在"未来学校、未来教育局"理念的推动下，米信教育和各地教育局联手打造学生成长力大数据平台，支撑学生动态学业分析，为学生成长管理和智慧教学的目标提供数据保障。

米信教育通过对应用数据、专业数据、社会数据等数据进行融合与交互，形成学生成长力大数据平台，为学生、教师、学校提供专业的数据分析服务，帮助教师形成对学生的综合能力评价体系，助力教育的智能化发展。

编委会点评

社会效益

米信教育通过人工智能的基础平台搭建，建立起教育环境的数据服务系统，在学、教、管、评、安、德、育、考等各场景下提供创新环境融合方案，为学生综合成长的数据采集和分析提供了一站式解决方案，也为人工智能赋能素质教育提供了一个典型案例和典型模式。"未来学校、未来教育局"成为可预见的未来。

惊帆科技：
人体无创采集脉搏波云服务平台

摘要： 天津惊帆科技有限公司（以下简称"惊帆科技"）脉搏波项目成立于 2013 年，通过硬件 JFH111 多光谱健康监测模块，无创采集人体的脉搏波，为用户输出实时连续的心率、血氧、血管弹性等健康数据，并通过云端服务器的大数据平台将脉搏波数据进行算法分析，为用户提供呼吸率、心率变异性（HRV）、心脏早搏、心律不齐、心律失常等深层次的健康分析报告，为心脑血管疾病管理及预警保驾护航，该产品可集成于各种形态的健康产品，包括手表手环、运动耳机、健康监测一体机、监护设备、按摩椅、智能马桶、智能药盒、智能服饰、智能家居等。

关键词： 无创脉搏波采集分析　　大数据服务平台　　心血管慢性病预警

1. 背景说明

1.1 人工智能、大数据的技术优势推动大健康产业应用落地

随着人工智能、大数据技术的发展，运动手环类智能硬件兴起，医疗健康智能硬件的市场规模增长迅速，其中以智能秤、智能血糖仪销售额增长最快。目前，医疗健康智能硬件用户量不足 1%，当用户市场认知由量变转为质变时，医疗健康智能硬件行业将迎来热潮。医疗健康智能硬件在大健康产业的应用落地成为当前的重中之重。

1.2 中国医疗服务正进行从传统"医疗服务"向"健康服务"的转型

2016年10月随着"健康中国2030"规划的发布和医改政策的纵深发展，"十三五"期间政府持续加大投入以确保全民享有基本医疗卫生服务，鼓励社会资本参与医疗服务行业以提升服务质量满足民众多层次多元化需求，同时鼓励"互联网+医疗"和远程医疗等领域的应用和创新。

1.3 中国心脑血管疾病的患病人数逐年增加，中老年群体呈高发病态势，心梗脑梗疾病也趋于年轻化

《中国心血管疾病报告2017（概要）》的数据显示，全国心脑血管疾病患者人数现在2.9亿左右，心血管病死亡占我国居民疾病死亡构成的40%以上，而许多心血管疾病在早期可以丝毫没有自觉症状，一般要经过一二十年才在临床上有所表现，等到真正感到不适才去医院检查时，可能已经错过了早期最佳治疗机会。

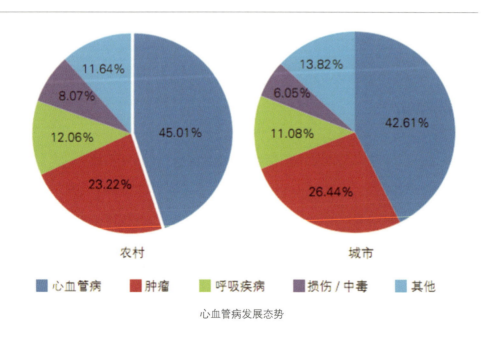

心血管病发展态势

2. 创新描述

2.1 应用云端服务器和大数据分析方法实现脉搏波的处理和分析

惊帆脉搏波项目向设备厂商提供前端脉搏采集分析硬件 JFH111，同时提供云端分析服务。通过简单的集成硬件模块，设备厂商可以快速对接惊帆科技的云端服务器，进行脉搏分析服务。惊帆科技通过对用户脉搏波大数据的积累和分析，可以提供更精准的健康分析服务，并且可持续跟踪用户的健康变化趋势。

2.2 连续便捷的脉搏波分析，降低心脑血管疾病监测的就医成本

脉搏波信号来源于实际的血流，因此整个血液循环系统的问题都会在脉搏波信号中有所体现，包括心脏异常、血管异常。另外，脉搏波技术单点便可以测量（传统心电图需要多个电极和引线形成回路，使用非常不方便），不影响正常生活，使用更简便。配合云端的分析算法和灵活的服务对接，可以实现长期连续健康监测，较大程度上避免因为检查不及时导致的病情恶化，可及时在早期发现问题，有效减少高危疾病导致的悲剧并降低医疗费用。

惊帆科技"端 + 云"的整体方案

2.3 远程实时监测使家庭与医院高效结合

通过惊帆科技"端+云"的方式,家庭成为用户实时体征数据的入口,可以实现及时的前期论断和康复跟踪。而医院可以通过数据的引入及时发现需要医治的用户,医院的主要职能更侧重于精准论断和医治。两者有机结合可以提高医院的诊疗效率,同时大量避免病情延误。

家与医院高效结合

2.4 多场景应用和多维度数据积累

11.8mm×5mm 的超小体积可广泛用于戒指、手表、手环、运动耳机、健康服饰、智能马桶、按摩椅、健康体检机器人、血氧仪、监护设备、智能家电等不同形态产品,配合各厂商集成产品,实现监护功能。同时采集各类 C 端用户人群的数据,可充实平台数据量,辅助算法优化。

3. 项目操盘节奏

3.1 项目前期研发架构搭建

在最初脉搏波项目技术的研发应用中,当毛细血管收缩时,血管对光的吸收率会发生变化，利用光传感器将这种信号捕捉并加以分析，能够实时测量出毛细血管的血流情况，进一步分析出血管状态和心脏机能。

3.2 芯片及模组批量生产

经过几年的研发储备和实验室的不断测试，2017年惊帆科技的JFC101芯片量产，同时模组批量生产并完成小批量交付。

3.3 云端服务器搭建及功能实现

惊帆科技在云端服务的搭建过程中，其算法模型的所有数据均来自实际样本。此前已和多家医院达成合作，获得医院数百例病人的心电图和脉搏波的对比数据。通过对比用户的实际数据，不断对神经网络算法进行优化，不仅提高了服务器整体的运算速度，也提高了采集数据分析的精准度。

3.4 更多脉搏波应用的探索

脉搏波包含丰富的心脏和血管状态信息，不同位置脉搏波不同，对不同位置的脉搏波进行监测，可以实现组网分析，对多点之间的脉搏波差异分析可以更加准确地发现局部疾病。

惊帆 JFC101 芯片与 JFH111 模组

4. 市场应用及展望

4.1 推动心脑血管疾病预警及监测的社区化和家庭化进程

目前惊帆科技开始将模组应用到不同领域的多种产品中，包括智能内衣、健康鼠标、体检机器人、按摩椅、智能耳机、智能马桶、智能电视等，形成了多方位的健康监测体系。

智能内衣：集成于智能服饰行业的客户，推向养老细分市场，积累超过5千条脉搏波健康数据监测数据，随时监控中老年人的心脏机能工作情况。

健康监测鼠标：通过电脑屏幕实时显示用户的心率、血氧状况，在突发心律不齐、二联律、四联律等异常状况时，及时发报告进行预警提醒，时刻保护个人健康，尤其适合监测上班族中的久坐人群以及IT人群的健康状况。

有健康管理功能的电视

运动蓝牙心率耳机：跟踪运动时刻，实时心率监测，静态下对脉搏波进行连续监测，通过波形分析、数据比对，可以实现心脑血管疾病预警功能。

智能健康监测臂带：通过对手臂位置进行无创脉搏波采集，实现对心率、血氧等健康参数的连续监测，反馈消费者长期范围内的心率、血氧、血压变化及变化趋势。

有健康管理功能的电视：通过在遥控器上集成 JFH111 模组，让家庭成员能方便地进行日常脉搏监测分析。通过电视的网络能实现实时的云端健康分析，并能实现实时干预。

智能按摩椅：通过增加惊帆脉搏波监测模组，使用户能够通过一些指标变化来了解按摩的真实效果，还能通过对用户的健康数据进行分析推荐匹配的按摩模式。

4.2 对未来的展望

惊帆科技最初专注于脉搏波技术的应用及推广，从硬件采集到软件平台算法分析，再到与 B 端各场景用户合作，积累了大量的脉搏波原始数据，不断完善嵌入式端和云端的算法处理能力。未来除了为用户提供健康分析服务，还可以对外开放平台，为有能力采集脉搏波数据的公司提供算法分析服务，以提供更大范围的服务社会，为更多人群提供健康监测解决方案。

同时，基于目前的脉搏波监测的"端 + 云"模式，惊帆科技还将构建更多生理弱信号的采集与分析系统。最终实现便捷的全方位健康监测系统，及时准确地对疾病征兆进行预警，避免生命和财产损失。同时通过数字化的明确指标去引导人们采取更健康的生活方式。

编委会点评

1. 社会效益

在大健康行业的用户个体服务领域，未来"医疗健康智能硬件前端＋云端软件＋健康数据库"的方式将是主流模式。惊帆科技以"硬件＋云服务"的模式搭建了具备数据处理分析的云端超大数据库平台，不仅可以自动同步用户长期的心率、血氧、微循环等健康参数，其先进的算法还将对此进行心率变异性分析、睡眠状态的分析等，以量化健康评估来有效预防心肌梗死等心脑血管疾病，实现科技助享健康生活的愿景。

2. 创新价值

惊帆科技通过对用户脉搏波大数据的积累和分析，可以提供更精准的健康分析功能，并且可持续跟踪用户的健康变化趋势。通过大数据和人工智能技术在可穿戴设备的应用，与在线问诊、远程医疗等技术相互配合，可为用户提供健康管理、疾病预测和有效的早期干预方案。

易特科：
"AI+慢性病管理"应用实测

摘要：由于慢性病患病率加速上升，我国疾病谱已转变为慢性病为主，人们健康观念的转变以及老龄化加剧，老年群体和健康高风险群体的需求凸显，健康管理产品市场需求巨大。深圳市易特科信息技术有限公司（以下简称"易特科"）智慧医疗创新研发经历了探索、启动、全面应用三个阶段，逐步建立起"AI+医疗+健康+养老"完备的智慧医疗体系，其中，以人工智能、深度学习、大数据等先进科学技术为技术基础、自主研发的AI慢性病管理系统能够对用户健康进行正向干预，从源头上杜绝慢性病的发生，减少因慢性病导致的致残和死亡数量，减轻医疗支付负担。

关键词：智慧医疗　AI+医疗创新升级　AI+慢性病管理

1. 背景说明

国民健康生活意识增强：一方面，慢性病增加，患者年轻化趋势显现，一线白领阶层健康状况趋势出现下滑；另一方面，国民健康管理意识提升，积极预防的健康理念深入人心，完善医院功能延伸和做好健康服务的需求剧增。

国家正全力推进"健康中国"战略实施，多项医卫信息化政策密集出台、医改不断深入。然而区域健康管理现状却"存而不全、存而不统、存而不通"，标准不统一、信息不共享，与社会经济和卫生事业发展需求很不适应。

AI 技术飞速发展，图像识别、深度学习、神经网络等关键技术的突破带来了人工智能技术的新一轮发展，大大推动了以数据密集、知识密集为特征的医疗产业与人工智能技术的深度融合。

2. 创新描述

安测"AI+慢性病管理"系统，是易特科研发的一款基于 AI 的智能化慢性病健康解决方案。通过该平台可使医院、体检中心、基层医疗机构、公共卫生服务机构实现以区域为单位的慢性病系统管理、实现诊疗数据和健康数据集中存储和共享，建立全区的、全生命周期的健康档案系统。同时，利用该平台可以有效开展健康风险评估和干预工作，对全民健康进行管理。

3. 项目操盘节奏

项目成立伊始，易特科就重点以健康管理尤其是慢性病管理为突破口，设立专门的研发团队，与海南医学院、南方医科大学、都柏林城市大学等的科研机构合作，在首席科学家姚建铨院士的指导下，聚焦疾病评估模型、大数据分析，建立了 Anycheck 健康管理云平台，AI 赋能医疗，探索智慧医疗的创新模式。

而易特科与深圳市南山区区委区政府合作的南山区域慢性病平台建设项目向深圳市南山区居民递交了一份亮眼的慢性病综合防控成绩单，截至目前，易特科助力南山区区委区政府打造和完善了数百个健康小屋、健康 E 站、社康中心，建立和完善了区域体检系统、区域健康管理系统、区域慢性病管理系统、中医辅助诊断系统等，提供了包括安测健康智能一体机、诊前自助检测仪、中医体质辨识仪等智能监测设备 200 多台，为深圳市南山区 2 万多名

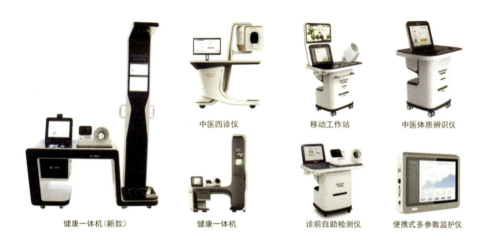

AI+ 慢性病管理部分硬件设备展示图

干部、50 多万慢性病重点监管人群以及全部区域居民提供慢性病健康管理服务。

3.1 第一阶段：创建健康管理中心（建设周期 3 个月）

与南山区区委合作创建健康管理中心，配备健康管理平台软件、中西医设备、医护团队、管理团队，对接南山区各家医院信息系统（HIS）、电子病历（EMR）、体检系统、公卫系统，提供保健人群的全生命周期的电子健康档案管理，组建成管理约 20 000 保健人群的健康管理良性体系。

3.1.1 从南山区 20 000 名机关事业单位干部职工中筛选出重点慢性病高危人群，获得其知情同意并发放健康管理身份识别码（常规健康体检、饭卡、工卡、健康管理等多功能合一），采取预约制度提供一对一、私密性强的健康管理服务。

3.1.2 健康管理中心内部配备相关中西医设备（安测健康智能一体机、中医辅助诊断系统、人体成分仪、骨密度仪、肺功能仪、动脉硬化仪、精神压力分析仪、国民体质十二项等），各种仪器使用身份证读卡器，内部使用局域网连接各个设备，刷身份证、社会医疗保险卡可直接创建健康档案，支持一人刷身份证自助检测完成、也支持多人同时检测。

3.1.3 保健中心在南山区区委 29 楼设立健康监测区、健康评估区、健康干预区、心理调理室等；并从南山区人民医院安排 2 名轮值医生、易特科派出健康管理师与营养师，再结合保健中心医护人员组成健康管理医生团队，医护团队归保健中心统一管理；保健中心制定相关工作流程、管理考核制定、通过绩效措施管理医护团队。

3.1.4 健康管理平台的服务器连接到政府信息中心，数据安全符合信息中心要求。健康管理平台建设有健康数据中心，签约人群到健康管理中心做检测、数据自动上传到健康管理平台的健康数据中心，平台对接南山区各家医院的 HIS、EMR、体检系统、公卫系统，收集保健人群的诊疗数据、体检数据、公卫健康档案等全生命周期数据。

3.1.5 健康管理平台批量自动筛查设备上传数据与健康数据，筛选出重点慢性病高危人群，包括高血压、糖尿病、血脂异常、高尿酸血症、骨质疏松等重点慢性病的高危人群，筛查出的人群由医护团队统一管理；健康管理平台还根据相关的疾病知识模型与知识图谱，智能提供相对应的评估建议、健康管理干预方案与计划；医护团队依据健康管理平台对筛查出来的人群进行"常规健康体检 + 饮食指导 + 运动计划 + 健康管理"的一体化、全周期的健康干预。

3.1.6 健康管理平台建设有移动 APP 端与微信端，移动 APP 端的功能包括：健康档案查询、蓝牙设备对接、体征数据采集、健康咨询、体征监控报警、健康教育、健康干预、健康随访等。健康管理中心结合 APP 端、微信端以及可穿戴设备，实现闭环式的 O2O（线上线下）健康管理模式。

3.2 第二阶段：数据驱动的区域健康管理平台（建设周期 4 个月）

构建区域健康管理平台，以云计算、大数据、物联网、移动医疗为技术支撑，连通慢性病防治中心、区慢性病防治院、各级社康中心、深圳市各级医疗服务机构（防保所、健康教育所、保健办）等机构，实现南山区医卫机构的数据共享和云端互通。

3.2.1 建立南山区体检系统，实现共码共库，整个南山区统一一套数据库、统一一套体检程序，统一一套基础字典，每个医院可设置本医院使用的体检套餐。开发建设集健康档案建立、数据采集、健康分析、档案调阅、区域对接、体检查询、体检预约、健康干预、健康评估等多功能为一体的高效、快速、畅通、安全的区域体检信息网络体系，实现全区范围内体检健康档案信息互联互通

管理中心局部展示 3D 图

和资源共享。

3.2.2 建立健康管理系统，通过对检后人群的健康信息进行管理，实现健康档案管理、信息采集上传、问卷评估、人群风险筛选、（糖尿病、高血压、脑卒中、代谢综合征、冠心病、组合风险等）健康管理服务计划管理、健康评估、测评报告、健康干预、健康随访、健康宣教、健康咨询服务、健康跟踪提醒、数据统计分析、健康知识库、医生工作任务管理、家庭医生签约管理等服务。

3.2.3 建设统一预约中心：方便居民在线预约体检服务，满足全区妇女普查及儿童、老人、普通居民的体检预约需求。

3.2.4 健康数据中心：整合全区居民诊疗数据与体检数据，建立统一数据标准，为实现全区全民健康管理提供数据基础，为健康大数据管理提供数据支持，为管理层提供辅助决策支持。将各家医院体检的历史数据迁移至新的体检系统中，保证体检历史数据可追溯与可查询。

区域健康管理平台应用架构

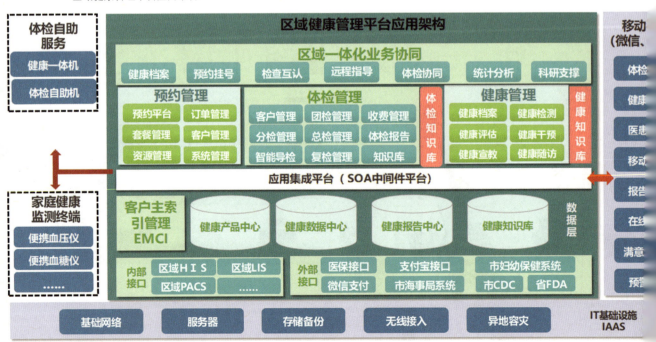

3.3 第三阶段：三级慢性病防治体系（建设周期 3 个月）

建立了以市慢性病防治中心为龙头、区慢性病防治机构为骨干、社康中心为平台，具有"以防为主，防、治、管相结合"特色的三级慢性病防治体系，实现了南山区全体居民的统一健康管理。

3.3.1 建立和实施深圳市慢性病防治管理信息化标准规范体系；形成统一的资源交换规则和格式，用以支撑全市范围内各慢性病防治管理业务机构、医疗卫生机构和公共卫生职能部门的数据信息采集与整合共享。

3.3.2 搭建深圳市慢性病防治管理业务逻辑与数据共享平台；提供应用支撑及数据共享与交换服务，实现医疗卫生信息资源的向上综合和服务资源的向下延伸，实现慢性病防治、医疗卫生服务和卫生行政管理的协同。

3.3.3 建设深圳市慢性病防治管理信息资源中心，实现全市各级各类慢性病防治管理机构公共数据资源的汇聚与整合，为全市慢性病防治管理决策支持与信息利用提供数据支持。

3.3.4 建设区域三级慢性病管理平台，针对从亚健康、慢性病到单病种的三级慢性病预防管理体系。

3.3.5 构建居家、社康、二三级医院的远程健康管理体系，将大医院的资源通过网络延伸到社康与居家；构建从社康到二三级医院的慢性病分级管理体系。

3.3.6 拓展延伸：将健康管理延伸到养老、康复、护理等体系；为居家养老打下基础，为建设医康养护为一体的社区健康服务中心打下基础。

4. 市场应用及展望

4.1 市场应用

安测"AI+慢性病管理"系统已经成功应用于全国650多家医院和450多家社区医疗机构,包括深圳市300多家社康中心、深圳市南山区、龙华区和光明区慢性病防治院、深圳市妇幼保健院、西安交通大学第一附属医院、北京市普仁医院、南方医科大学中西医结合医院、天津市宝坻区人民医院和天津市西青医院等。

目前易特科是工业和信息化部智慧健康养老应用试点示范企业、广东省慢性病大数据工程技术研究中心、广东省健康管理互联网工程技术研究中心、互联网医疗与健康服务院士工作站等。

易特科医疗大数据研究和个性化健康服务应用示范项目成功入选《国家工信部2018年大数据产业发展试点示范项目》,旗下产品自助健康监测智能一体机和安测AI+慢性病管理系统入选工业和信息化部、民政部、国家卫生健康委员会联合推荐的《智慧健康养老产品及服务推广目录》,慢性病管理系统研发及产业化项目荣获深圳市科技进步奖二等奖。

4.2 未来展望

未来,易特科将在人工智能及智慧医疗领域进行持续的创新探索和产业化应用,研发出更多、更成熟的医疗信息化产品和智能硬件设备,以南山区"AI+慢性病管理"项目为典型示范,辐射全国,加强在远程健康咨询、互动健康教育、健康评估、慢性病治疗、亚健康理疗、个性化干预方案制订、家庭医生服务、单病种管理等更多健康服务领域的研发。

编委会点评

1. 社会效益

安测"AI+慢性病管理"系统连通了慢性病防治中心、区慢性病防治院、各级社康中心、深圳市各级医疗服务机构（防保所、健康教育所、保健办）等机构，实现了一整个区域的多层级医卫机构的数据共享和云端互通。从而让慢性病不再只是事后治疗，而是从预防、体检、健康管理阶段即可提供公共服务，拓展了公共医疗的作用范围，造福一方居民，是智慧医疗产业的优秀落地应用。

2. 创新价值

安测"AI+慢性病管理"系统拥有完整的解决方案体系，包含了针对政府公共卫生管理机构的系统平台和针对各级医院和医疗服务机构的多个功能平台，以及针对C端人群/病人的手机端应用和基于物联网的医疗智能硬件。将这么多组织机构统筹协调，这么多应用系统进行数据对接，统一运营，是一项非常有挑战性且效益深远的探索。

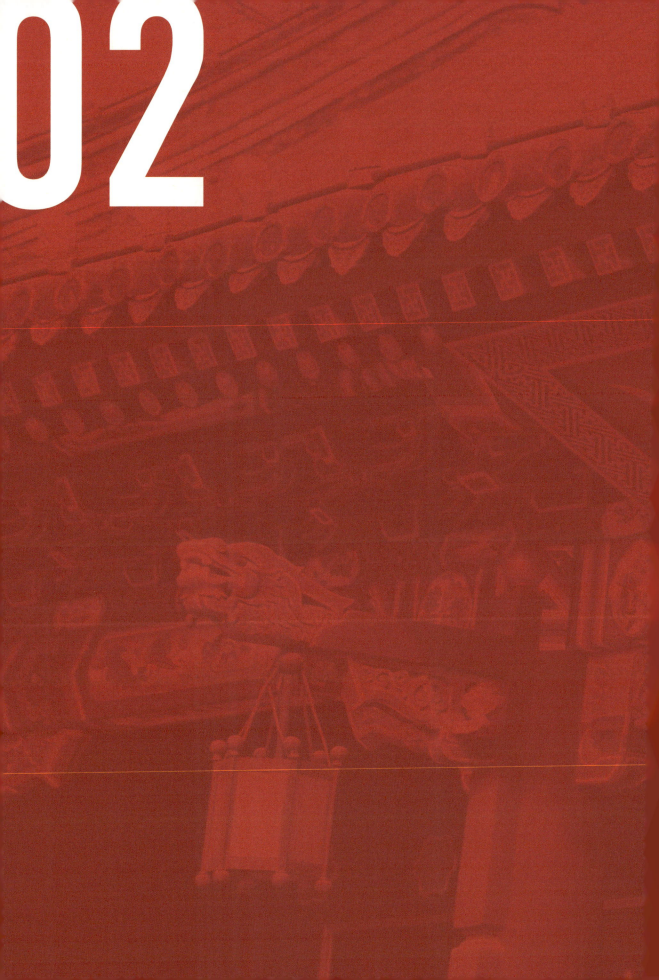

02

第二章

数据变革企业服务行业

明略科技：
大数据在制造业故障诊断和预测性防护中的应用

摘要： 为加强产品服务能力，制造业企业与大数据技术的融合发展势在必行。企业以设备全生命周期服务为切入点，以期提升自身综合竞争力。本项目起步于 2015 年，由某大型轨道交通核心部件生产商负责承建，整体方案着眼于工业数据湖、统计分析工具、故障自动诊断、设备资产管理这四方面的数据创新应用，经历了全面应用、迭代升级、平台整合三个阶段，通过基于特征提取和神经网络方法构建的诊断和预测模型，利用可视化技术实现对设备运行状态和故障信息的快速直观显示与预警，有效降低设备全生命周期维修成本，使设备始终处于可靠受控状态，在提升经营效率的同时保障关键制造业的产品安全。

关键词： 设备全生命周期　制造业大数据　故障诊断　故障预警

1. 背景介绍

随着我国社会经济的发展，制造业在整个产业结构中占有重要地位。而以智能制造为代表的第四次产业革命正在蓬勃发展，其中从信息物理系统（CPS）、物联网、移动互联网等领域产生了海量的数据，面对 TB 级甚至 PB 级数据，传统的数据处理方式和数据库已经无力处理。大数据技术支持分布式并行计算，能够进行高效海量数据采集和存储，通过支持并行计算的数据模型，在数据挖掘等方面显示了超强的能力，这些特点为制造业提升服务能力奠定了数据和信息基础。

放眼全球，为了能够抓住机遇更快地提高制造业的发展水平，各工业强国相继提出对应的产业政策，美国提出了"工业互联网"，制定了 IISA 1.0；德国提出了"工业 4.0"，制定了参考架构 RAMI 4.0。通过对美德两国参考架构的分析，可以看出以上两个架构都以大数据为核心，通过大数据分析来促进产业整体能力的提升。反观国内，我国工业规模庞大，但是劳动力成本上升、自主创新能力不足、产业结构欠合理、成果转化渠道不畅、品牌信誉度还不够高等问题束缚着制造业能力的释放。据此国情，我国制定了"互联网＋"和"中国制造 2025"的产业政策，主要是以数据为基础，通过大数据分析，将制造业从单一的产品制造者提升为全方位服务的提供者。制造企业不再仅仅是单一的产品供给者，还能提供产品全生命周期的服务；企业的关注点也从过去的只注重产品生产，转变为从用户的角度出发考虑如何生产出美誉度高的产品，实现供给侧的改革。

2. 创新描述

当前，全球正出现以信息网络、智能制造、新能源和新材料为代表的新一轮技术创新浪潮，全球轨道交通装备领域孕育新一轮全方位的变革。轨道交通的高速发展是中国城镇化进程的关键，智能化轨交是挑战，更是机遇。为保证城市轨道交通安全、可靠、高效、低成本运营，必需提升设备维保工作，全面融合大数据创新技术，实现运营管理的现代化、智能化、精细化。截至目前，项目已正式运行 4 年多，每天处理数据量保持在 TB 级，通过数据湖汇聚、治理设备状态数据与业务相关数据，并基于底层大数据能力提供设备监控、异常预警、故障诊断等智能化应用。

工业数据湖：支持全量、高并发、时序性机器数据的无损接收与存储；支持结构化与非结构化数据的高性能综合调用。

统计分析工具：融合多源异构数据，将二进制数据高效转储为结构化数据，支持多维度检索、多角度展示、支持自定义指标 Dashboard。

故障自动诊断：根据设备状态监控数据，在线实时自动诊断故障，提供处置指导。

设备资产管理：从设计到出厂、从入库到报废，形成以属性为基础，以事件为核心的设备全生命周期档案，提升资产管理水平。

制造业采用大数据技术，可以帮助企业在生产、销售、供应链、创新等方面都得到质的提升。基于产品的生命周期曲线，对整个产品生命周期系列数据的分析挖掘，制造业能够为客户提供更有价值的服务。

通过研究，我们知道在产品生产出来以后，整个产品的生命周期可以分为磨合期、正常使用期和耗损期，我们都期待产品的正常使用期尽量延长，所以对产品进行维护，用以实现产品长期可用。但是从上图的曲线中不难看出，导致同一种故障的原因并不相同，如果采取同样的方法来应对，难免形成不同程度的"过修"或"失修"，经常会造成很大的浪费。过去，由于产

设备生命周期示意图

品故障诊断和预测的技术手段限制，在产品的维修和保养上主要依赖定期维修和故障后维修。根据美国联邦能源管理计划（FEMP）所进行的最新研究估计，一个正常发挥作用的预测性维护计划与定期维护相比，在维护成本方面可以实现30%到40%的节约，这是一个相当可观的数字。其他独立调查也表明，开展一项工业预测性维修计划可以带来如下效果：维护成本降低25%至30%；故障消除70%至75%；停产时间缩短35%至45%；产量增加20%至25%。

可见预测性维修给企业带来的价值远大于其他两种方式。由于预测性维修是构建在数据基础上，需要构建合理的数据模型，而不同种类故障，需要不同数据模型进行大量数据计算工作，这些工作在大数据技术没有出现之前一直困扰着维修保养一线技术人员。今天大数据技术获得长足发展，数据的采集、存储、计算等问题都迎刃而解，大数据科学家能够充分发挥大数据技术分布式并行处理的架构优势，最大限度发挥数据模型的计算能力，实现对维护业务的分析和预测，真正实现预测性维修。

北京明略软件系统有限公司（以下简称"明略科技"）的解决方案主要解决故障诊断和预测这两个问题，其中故障诊断包括了状态监测、部位分析、类型分析、严重程度分析、批次分析、相关性分析和外部因素分析等方面；故障预测包含了类型预测、结果预测、时间预测、严重程度预测、外部事件预测、批次预测、生命周期预测等方面。

在制造业大数据解决方案的实施上，根据不同业务场景特点，大数据项目不仅需要处理业务相关的多样性数据，也要兼顾业务本身逻辑，整体项目实施的难度较高，在综合了类似项目经验的基础上，明略科技总结完善了项目流程，通过业务和数据理解、数据采集与治理、构建并评估模型最后实现业务部署，扎扎实实地解决故障诊断和预测的实际问题。

3. 项目操盘节奏

3.1 第一阶段：全面应用

3.1.1 数据分析及管理应用全面落地

明略科技针对故障诊断和预测这两个问题，分析拆解问题，将大数据技术落地解决业务问题，实施明略大数据制造业解决方案。为了达到预测性维修的目的，快速故障诊断和高效故障预测系统就成为主要的需求。利用设备传感器产生的不同粒度的状态数据，通过数据采集、数据治理，数据存储、数据挖掘和数据分析等过程能洞察整个产品生命周期中各个时刻的状态和性能，从而根据不同的业务特征即可制定相应的动态维修计划，同时，保证软硬件部署完善，进入试运行阶段。

3.1.2 阶段性成果：建立大数据平台及数据分析应用

完成大数据应用的全面落地，实时监测数据，采样频率达到500毫秒（即每秒采样2次），甚至更高的频率，系统每天所要处理的数据量达到TB级，在故障出现之前就能够做出故障诊断或预警故障的发生，进而适时采取维修措施，避免故障实际发生，不影响正常生产，最终能够保证设备的安全运行，全面提升产品竞争力。

3.2 第二阶段：迭代升级

3.2.1 应用系统全面迭代，完成故障分类诊断建模

大数据故障诊断主要基于人工智能技术、专家系统理论，在已有故障案例标注基础上，进行故障提取、模型训练和模型评估，最终形成能够进行并行计算的数据模型。进而对数据源进行分类、研究和归纳，理解数据多样性。

在实际环境中部署应用升级，多维传感器数据送达后，通过数据模型能够自动地进行快速故障诊断、甄别故障类型。强化了大数据故障诊断，使其具备及时、灵敏、误报和漏报率低、故障分离能力强、故障识别度高、鲁棒性强、自适应能力强等特点。通过多种方式加深业务理解，对多个系统完成迭代开发，并完成故障分类诊断建模。

3.2.2 阶段性成果：建立通用型大数据应用框架及其技术队伍

通过整体迭代升级，顺利达成六个重要目标：（1）搭建大数据应用系统的基础框架；（2）大数据平台网络安全实施，进一步保障数据安全；（3）应用系统的周期开发，完善数据管理、监控、分析等能力；（4）大数据开发技术培训，安排组织10余场培训，全面提升作业人员技术能力；（5）完成故障分类诊断建模，扩大数据挖掘能力和范围；（6）碰撞技术能力，促成多方合作，拓宽平台能力。

3.3 第三阶段：平台整合

3.3.1 整合完善平台相关可利用资源

明略科技故障监测与预测解决方案主要整合了数据源层、数据采集和存储层、数据挖掘层和数据应用层的可利用技术资源。在数据源层中，包含传感器数据、存储在数据库中的设备历史数据和事件历史数据等结构化数据，也包含事件日志数据、传感器日志数据和视频数据等非结构化数据；在数据采集和存储层中，将完成数据的采集、治理和存储；在数据挖掘层中，针对故障诊断和故障预测分别有不同的建模平台；在数据应用层中，设备的运营状态数据将以可视化的方式进行展示，并将故障诊断和预测结果直接呈现出来，便于甄别和维修。

3.3.2 阶段性成果：数据挖掘平台化，提升整体运营效率沉淀行业洞察，整合平台化能力。（1）大数据平台能力优化，达到实测10亿数据，单条检索只要0.4秒；（2）完善大数据应用框架，强化状态监控指标的实时性和完整性；（3）通过集中整合一体化、交互式、可视化等能力，提升数据分析挖掘能力，降低维护成本；（4）运营技术合作，进行互相赋能，合力在维护成本方面实现30%到40%的节约。

4. 市场应用及展望

明略科技通过采用大数据故障诊断和故障预测系统，创造了如下价值：

4.1 从设备运行海量数据中实时发现和排除故障隐患，避免引发安全生产事故

战略科技采用了分布式并行处理的大数据平台，能够快速处理海量的传感器数据，通过可视化界面能够实时直观地看到设备运行状态及其关键组件工作情况，及时发现故障或故障隐患、快速定位，迅速采取措施排除故障或

完整的大数据整体架构

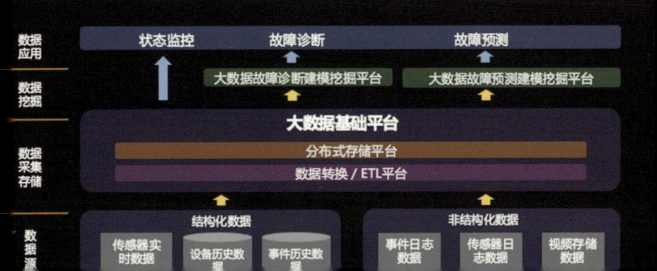

故障隐患，最大限度地减少设备停用或安全生产事故。

4.2 通过故障建模实现故障预测、变坏后修理为"按状态维护"，实现预测性维护，大大降低维修保养费用，提升企业运营效率

在数据建模过程中，由于对各个相关传感器数据做了全面考虑，以往一些不被注意但会产生实际影响的传感器数据将在特征提取建模和神经网络建模过程中被囊括进来，结合历史数据对实时全量数据进行挖掘分析，得出故障发生的概率，从而实现故障预测，指导预测性维修。一方面防患于未然，一方面通过"按状态维护"大大节省设备维护费用，降低事故风险，延长设备使用寿命，提升服务水平，提升企业社会效益。

4.3 易于扩展、成本可控、降低固定资产投入

随着数据量增加，大数据系统支持在线增加节点扩容，保持服务的连续性。支持在线增加存储，以提高计算性能，并采用了独立的功能模块和标准硬件，可根据需求灵活选配，项目成本容易控制，从而可以有效降低企业固定资产投入，提高投入产出比，扩大整体营收。

4.4 未来展望

新一轮工业革命在全世界同时发生。无论是发达国家，还是发展中国家，都想搭乘这趟快车，挤进第一集团。未来将以技术导向的智能制造、人工智能化制造为方向，实现制造业跨越式发展。"中国制造2025"部署全面推进实施制造强国战略，以促进制造业创新发展为主题，以提质增效为中心，以加快新一代信息技术与制造业融合为主线，以推进智能制造为主攻方向，实现制造业由大变强的历史跨越。明略科技作为中国技术力量的代表，将发挥自身技术优势，将以世界技术前沿发展为基准，不断深入行业，连接业务发展需求与技术应用实践，助力中国制造业实现切实发展。

明略科技是中国领先的一站式企业级人工智能产品与服务平台，致力于探索新一代人工智能技术在知识和管理复杂度高的行业中的落地。打通感知与认知智能，通过多模态人工智能和大数据技术，连接人、机器、组织的智慧，最终实现具有分析决策能力的高阶人工智能应用，让组织内部高效运转，让更多的人和资源投入到创新的工作中去，实现人机同行的美好世界。

编委会点评

1. 社会效益

明略科技在制造业大数据领域通过对设备全生命周期的管理，建设工业数据湖，解决了设备故障自动诊断、预警、可视化管理的核心需求，有效降低了设备全生命周期的维修成本，使设备始终处于可靠受控状态，在提升经营效率的同时保障关键制造业的产品安全。作为国内工业大数据服务领域的领军企业，明略科技的努力帮助制造业这个传统意义上和新一代信息技术隔得最远的传统行业，也能真正运用数字科技，实现提质增效，向智能制造迈进。

2. 创新价值

明略科技从制造业的实际需求出发，解决了设备数据的采集、非结构化数据的转换、分布式存储、诊断和预测模型的算法训练、可视化管理设备运行状态等多个问题，提炼出包括工业数据湖、统计分析工具、故障自动诊断、设备资产管理四个方面的工业大数据创新应用，具有模式可复制性和广泛的借鉴意义。

中国人寿财险：
构建高效 IT 作业管理平台，实现智能化管理

摘要： 本项目由中国人寿财产保险股份有限公司（以下简称"中国人寿财险"）与北京统御至诚科技有限公司（以下简称"统御至诚"）联合完成，通过统御 oKit 平台的实施与落地使用，助力中国人寿财险构建起一个集项目、需求、研发、运维、外包、工作视图等全方位管理一体化的 IT 作业管理平台，通过流程的打通、数据的共享，实现对信息化建设工作的多维度、透视化管理，将信息化相关的管理制度、规范进行固化落实，为企业运营管理与发展提供强有力的支撑。

关键词： 企业研发管理　项目管理　管理过程大数据　IT 信息技术服务一体化

1. 背景描述

在金融行业高速发展的背景下，金融机构的业务模式日益复杂，针对各业务部门、IT 条线提供精准、快速的产品交付，用技术实力推动业务发展，已成为金融企业信息技术部的核心价值所在。

中国人寿财险一直非常重视企业 IT 信息化系统的建设，专注于提升精细化管理能力，随着业务的迅速增长和 IT 作业范围的扩大，管理者 IT 作业精细化管理的压力也随之增大，对于一线人员在信息化日常管理场景中的工具使用等方面也提出了更高的要求。

统御至诚于 2017 年与中国人寿财险达成合作，合力构建中国人寿财险 IT 作业管理平台，旨在打通相关管理场景和作业流程，构建一个流程化、标准化、智能化的 IT 作业管理平台，进一步释放生产力、提高工作效率。

2. 创新描述

作为一个流程化、标准化、智能化的 IT 作业管理平台，其建设定位于"作业流程全贯通""数据标准全统一""制度规范全落地""风险管控全方位""质量效能监督全过程"五个方面，最终打通相关管理场景和作业流程，为中国

IT 作业管理平台总体架构

人寿财险IT信息技术赋能，助力智能化管理升级。

2.1 作业流程全贯通

流程的全线贯通及效率优化，目的在于真正提高企业的业务及管理流转效率，将IT作业管理平台的效率落到实处，而不单单是个形式。统御oKit协助中国人寿财险对现有IT工作流程进行全面打通和整合，并结合财险公司发展新常态下对信息化建设工作的要求，对相关工作流程进行优化和再造，优化企业整体协作效率，包括项目执行、产品迭代、统筹优化项目研发效率等企业战略步骤，创造更为高效的执行方案，促进达成企业战略目标。

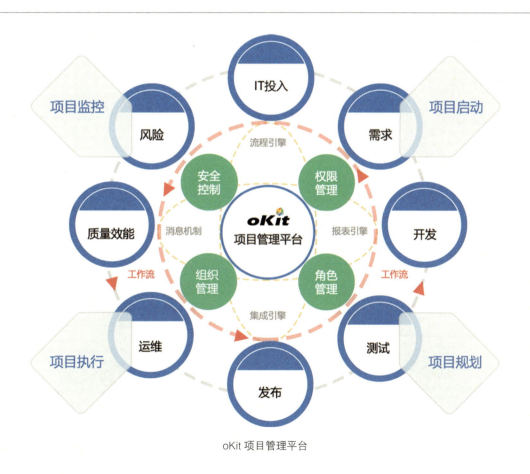

oKit 项目管理平台

2.2 数据标准全统一

IT作业管理平台可以有效地实现数据采集、管理、分析、应用，对IT工作流程所涉及的各方面数据标准，包括IT预算、项目、需求、运维等进行统一，建立IT工作信息的标准化数据基础，从各个维度为决策提供数据支持，形成过程大数据，为实现组织、项目、工程三个维度的管理提供全面支持。

在平台实际运行过程中，IT作业管理平台以数据为中心，实现工作的精细化管理。所有工作以任务形式分配，每个任务具体使用工时有明确记录，从工作计划、工作过程、工作成果、工作交付方面为各类统计做好全面的数据积累。同时，基于数据基础，版本管理更明确，可保存并积累项目、工作

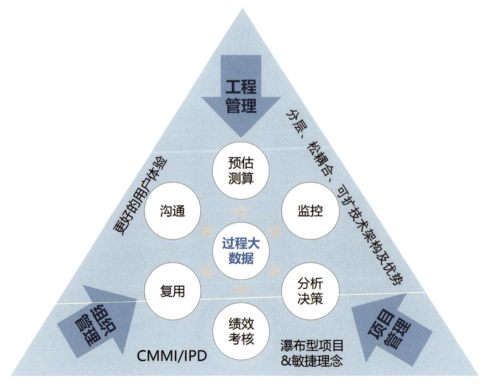

IT作业管理平台为实现组织、项目、工程三个维度的管理提供全面支持

任务执行情况展示所需的原始数据,并保证过程成果的完整、一致、可追溯。

2.3 制度规范全落地

IT作业管理平台助力中国人寿财险梳理和建立起一套完善的IT管理制度规范体系,建立技术决策指引、技术评审制度,全业务统一的缺陷管理制度,项目管理制度,配置管理制度,质量效能监督检查和质量保证管理制度等管理体系;将制度通过系统管控的方式进行固化落实,确保工作实务流程和规章制度的一致性。IT作业管理平台协助企业让管理体系不再流于形式,在系统中固化下来;形成组织过程数据资产,支持组织持续进步。

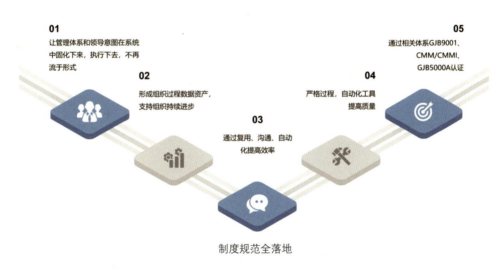

制度规范全落地

2.4 风险管控全方位

统御oKit助力中国人寿财险将IT工作流程及配套制度规范相关的风险管控点、信息安全管控点通过系统方式进行固化落实,确保全方位、无死角的覆盖;同时通过任务的"负责人""关注人""参与人""验收人"等很好地完成管理闭环,并且PMO管理、部门管理、项目管理等领导可以从各个维度进行检查,而形成的数据也可以为企业持续改进提供基础。

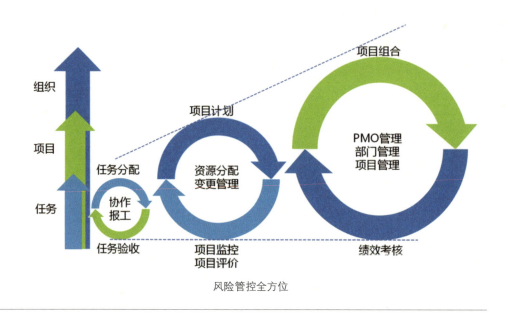

风险管控全方位

2.5 质量效能监督全过程

IT作业管理平台为IT工作的质量效能监督检查提供系统化支持，从业务需求部门启动IT服务单开始，按月、季、年跟踪和统计实施项目进展情况，

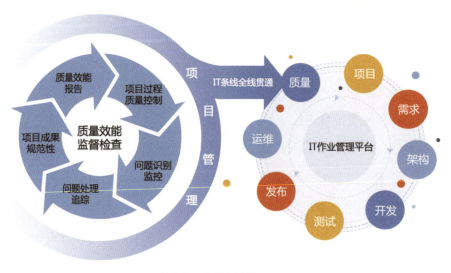

质量效能监督全过程

监控项目执行情况,包括文档、版本、代码、任务执行、报工等完成情况,从根源上对质量效能问题的处理进展进行跟踪,同时跟踪管理检查问题记录及后续处理情况。

3. 项目操盘节奏

3.1 引入专业咨询力量,先诊断,后实施

统御至诚为中国人寿财险引入了专业咨询力量,进行了全面的现状调研、业务过程咨询、现状调查结果报告及培训服务,精准定位中国人寿财险IT现状,评价现有的制度、过程、业务、人员现状,识别改进点;支持公司对IT信息技术服务的全业务、全方位、全角色的管理和持续发展需要;指导IT工作平台建设,打通信息通道,提高工作效率;落实公司信息化建设整体思路,提供"立足当前、着眼未来"的改进建议。

3.2 管理工具的固化和融合,加速项目执行及交付

立足于咨询成果及全面的需求调研分析,统御oKit工具的整个实施过程快捷、顺利,通过IT项目管理系统的搭建,将规划方案中相关的流程、制度、管理模型都通过系统管控的方式进行固化落实。截至2018年年底,中国人寿财险已在平台上实施项目管理近500个,完成了4 000多件任务,规范标准30多条,维护系统基线200多条,发现及解决缺陷2 000多个,创建和完成测试用例100 000多条,IT作业管理平台项目本身的代码、资料、需求、文档等全部进入平台的配置管理库。

3.3 构筑"线、点、面"三位一体实施体系,不断优化过程改进

中国人寿财险IT作业管理平台通过价值流程来疏通企业业务各环节,起

到串"线"的作用；通过工具平台的落地与强化业务各节点的执行，是固"点"的贡献，提升协作的效率；而业务模式的转型需要与之相适应的流程、制度体系和职业化的高效组织员工队伍作保证，依赖于每个员工的价值观、行为方式的转变，这一转变不能靠自发形成，需要建立与新业务模式配套的组织管理制度，明确新业务模式对组织、团队和研发人员的具体要求，并通过相关政策不断牵引、强化，基于不断的过程改进及优化，全面提升研发管理水平，促使成果遍地开花，促进发生"面"的巨大效益。

4. 未来应用及展望

可以预见，统御 oKit 在中国人寿财险的项目、研发、需求、IT 运维等 IT 条线管理场景和作业流程，以及项目管理组织层面的数字化升级之路上将扮演非常重要的角色。目前中国人寿财险的二期构建仍在继续，将更进一步深化与拓展开发管理、需求管理、架构管理、缺陷管理等层面功能及应用，完成某重点项目与持续集成工具的对接，提供软件开发的持续集成服务及自动打包，实现更科学、更高效的 IT 运作管理模式与管理效力升级。

而在统御 oKit 平台针对企业项目管理软件行业市场的不断探索及优化中，随着从产品型公司向平台型企业的转型，统御至诚将致力于把国际先进的方法论及最佳实践融入到软件解决方案中，并将大数据、人工智能等先进的信息技术应用到研发管理领域，帮助更多企业、行业走上项目管理数字化转型之路。

编委会点评

1. 社会效益

统御oKit平台针对大型企业的研发管理领域,为企业引入更合理的管理理念,帮助企业走上项目管理数字化转型之路。对于如何将组织管理学的方法论和先进的数字化技术结合,针对大型企业自身的管理模式及需求形成一套项目管理的数字化系统,进而提升组织效率和企业员工创造力,统御oKit平台提供了一份解决方案。

2. 创新价值

中国人寿财险IT作业管理平台的整个构建,涵盖规划管理、IT预算管理、项目管理、需求管理、架构管理、基础资源管理、组织机构管理、合作商管理、质量效能管理、开发管理、发布管理、运维管理、信息安全管理、风险管理等管理功能,通过流程的打通、数据的共享,实现对信息化建设工作的多维度、透视化管理,将与信息化相关的管理制度、规范进行固化落实,为企业运营管理与发展提供强有力的支撑。

权大师：
互联网+知识产权智能化服务平台

摘要： 北京梦知网科技有限公司（以下简称"权大师"）成立于2014年年底，是国内首家以技术力量推动知识产权服务行业创新的互联网平台。权大师致力于利用大数据和AI技术为用户提供简洁高效的在线知识产权服务工具，同时通过互联网平台完成知识产权的专业服务与高效交易。

目前权大师打造的互联网+知识产权智能化服务平台，在一定程度上解决了传统知识产权服务机构存在的工作效率低、服务被动等问题；同时，基于后台的数据计算系统，构建了智能化知识产权交易、评估体系，实现了知识与资本的融合与流通。

关键词： 互联网+知识产权　大数据　智能化服务平台

1. 背景说明

随着大众创业、万众创新的展开以及知识产权强国路线的推进，利用知识产权为企业保驾护航，成为很多初创型企业、发展中企业甚至大型企业进军海外市场的重要战略。同时随着国家各项知识产权保护政策的出台，国内企业对自身知识产权保护力度的加大，目前每年各类知识产权案件数量呈井喷式增长。

虽然国内企业都在快速地实现互联网转型，但是知识产权服务行业却非常传统和固化，完全沿袭了传统的人工代理服务方式，服务效率低下，边际成本难以降低。例如，服务 10 个客户就需要 10 名员工，服务 100 个客户至少需要 80 名员工。此外，知识产权服务行业市场分散、无巨头，2018 年 1 年商标申请量超过 3 000 件的代理机构只占总量的 4%。

这样进一步造成知识产权数据的割裂，使得知识产权保护、交易和运营的数据化深度挖掘成为不可能，知识产权作为资产的交易和运营属性难以体现。因此，现有的知识产权服务仅仅是基础确权服务，几乎没有能力尝试其他模式。

2. 创新描述

权大师是国内首批以技术驱动知识产权行业发展的企业，其打造的互联网 + 知识产权智能化服务平台，基于大数据层、SaaS 服务层、交易平台层等递进架构体系，通过诸多的数字化工具带来客户流量、提升系统作业效率、生成业务线索，最终完成知识产权服务以及知识产权的交易。

互联网 + 知识产权智能化服务平台

在平台循环过程中，全面的数据可以提升数字化工具的价值，而工具又可以反向积累数据；企业知识产权服务的交易也可以为知识产权本身的交易提供客源，而知识产权交易的双方又成为知识产权服务的购买者，互为用户沉淀。

权大师利用互联网模式大刀阔斧地改造传统的知识产权服务行业，让原本复杂深奥的知识产权服务行业变得简单和生动起来。

2.1 商标智能注册系统

权大师开发的商标智能注册系统，用机器代替人工，用技术简化作业流程，极大地提高了商标注册效率。其利用人工智能技术实现全业务的智能处理，系统处理容量大，解决了传统知识产权服务中对人的依赖问题和边际成本难以降低的问题。

工具积累数据，数据反过来提升工具价值；服务交易平台积累数据，数据反过来支撑服务交易平台

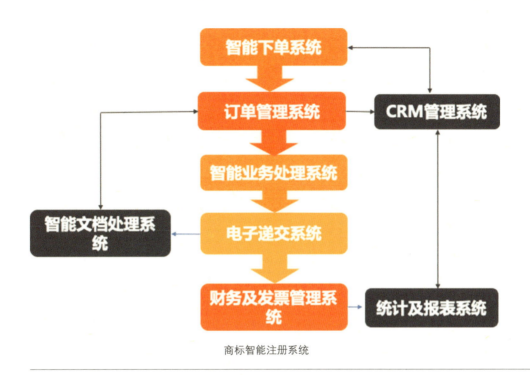

商标智能注册系统

利用权大师的商标智能注册系统，用户5分钟内就可以快速完成一个商标注册申请，无须人工辅助性干预。当用户利用商标智能注册系统申请商标注册的时候，系统会自动提示该申请注册的商标所属的领域，由于所有的推荐和提示都是基于数据库和智能计算产生，排除人为主观判断，最终可确保结论的准确性和实效性。

2.2 商标智能搜索系统

权大师拥有3 500多万条商标数据、3 100多万条专利数据、7 000多万条企业和个体工商户数据、超2万条盲期数据、创投数据、域名电商数据等。同时，权大师通过数据处理技术、文字（中英文）检索算法、基于AI的图形检索算法等，为用户提供精准的数据搜索服务。

权大师的商标智能搜索系统开放所有的搜索入口，用户可以通过任意关键词筛选其所希望的商标数据。权大师对于近似算法的研究属于行业领先水平。

同时，权大师研发的图形智能搜索系统，实现了"以图搜图"智能检索的突破，用户直接上传图片即可进行精准匹配和模糊匹配。

权大师的商标智能搜索系统解决了传统知识产权服务行业内人工判断标准不一的问题，同时大幅压缩了商标近似比对数量，极大提升了商标申请的判断效率。

商标智能搜索系统

2.3 商标智能监控系统

权大师研发的360°实时监控的商标智能监控系统，具体分为四类：全库监控、初审公告监控、可续展监控、代理机构监控。权大师与商标局数据库实时同步，具有精准监控、近似监控以及精准与近似同时监控等多种功能。该系统一旦发现与目标企业的目标商标相同或近似的商标有任何动态，都会第一时间给企业推送提醒。

其中，对于代理机构的监控，权大师可以对其代理的企业维度和商标维度进行多指标分析，可以让代理机构更好地了解自己和竞争对手。

3. 项目操盘节奏

权大师从2015年4月份正式开始运营到现在，经过了三个阶段。

3.1 第一阶段：开发商标监控以及商标搜索系统，聚集基础流量

2015年4月26日，权大师发布了行业内第一款基于APP的商标监控工具，让客户可以实时监控每周一期初审公告中与自己企业或商标相同或商标相似的初审状态，大大提高了企业和代理机构的监控效率。

2015年年底，权大师推出商标智能搜索系统，提供多平台、可接入、全数据段、可检索的商标检索系统。同时，权大师将商标智能搜索系统与IT桔子、启信宝、金蝶智慧记这样的企业数据服务商对接，为这些平台的客户提供企业的商标数据统计，一方面让更多的企业理解到知识产权的重要性，另一方面通过合作提升权大师的品牌露出率，带来大量的免费流量。

3.2 第二阶段：商标智能化注册系统

2016年年初，权大师开发全流程智能化的商标注册系统，即商标智能注

册系统，于 2017 年 4 月份产品上线。

在早期客户的定位中，权大师通过对商标大数据的梳理，发现注册商标最多的行业来自中小电商企业。为此，在市场开拓上，整个 2017 年，权大师深扎中小电商企业。

基于商标智能注册系统，权大师快速成长为中国主流商标注册平台。2017 年 6 月，权大师单月商标注册量第一；2018 年，权大师商标注册申请量达到 202 663 件。

3.3 第三阶段：知识产权服务行业智能化平台

2018 年年底，快速成为行业商标注册量第一已经可以验证技术对知识产权服务行业的价值，权大师希望利用整个平台为行业赋能。为此，权大师开始推行知识产权服务行业合伙人计划，为知识产权服务行业的同行和渠道进

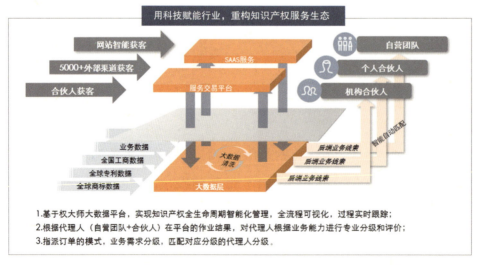

权大师知识产权服务商业模型

行多维度赋能，将平台的业务处理能力、大数据能力向行业开放。

通过大数据技术，权大师将企业的商标数据库与网络上的各种企业运营数据，比如工商数据、APP 数据、电商数据、域名数据等进行关联，主动监控企业后续的知识产权风险，继而挖掘企业后续的知识产权需求；客户也可以通过 web 端、手机 APP、微信小程序、网页端查看自己的案件状态以及后续知识产权风险，以便更好地保护和运用企业的知识产权。

4. 市场应用及未来方向

未来，权大师将立志成为以人工智能+大数据为核心导向的创新型平台，在变革知识产权服务行业模式的同时，也将视角扩展到如何通过知识产权大数据为企业和政府提供战略决策等价值。知识产权数据不是孤立存在的，把知识产权数据中的重点商标、专利数据和工商、域名、电商、APP Store 的数据进行关联，可以更好地为企业提供真正具有商业价值和商业导向的知识产权服务；同时，将产业数据、行业分析、专利数据有效结合，可以增强企业的核心技术价值。

权大师同时也立志成为知识产权金融领域的变革者和领先者。商标的价值不仅仅表现为企业商誉的载体，更加重要的是其作为资产的交易和运营价值，如何利用大数据全面量化评估。一个企业的知识产权资产价格，将成为知识产权金融中的重要环节。同时，通过数据分析和匹配，权大师能够更好地连接不同客户、不同知识产权资源，进行更加精准的知识产权交易运营。

| 编委会点评

1. 社会效益

知识产权领域存在两个市场：第一个是知识产权服务市场，也就是以商标代理、专利申请服务为主的传统市场。这个市场相对成熟，容易变现，但是行业门槛低，充斥着中小代理商。权大师通过多款数字化工具的应用，解决了导流、监控、检索、注册等全流程需求，成功占领了这一市场。第二个是知识产权本身的交易市场，也就是知识产权的定价、交易。这是一个充满想象空间的蓝海市场，知识产权的资产化可以保护知识产权的社会性价值，提升企业的研发动力，促进知识甚至科学技术的自由流动。

2. 创新价值

权大师循序渐进的发展路径规划非常值得产业服务平台型创业项目借鉴。第一步，通过轻量级的商标监控及检索工具聚集基础的用户流量，初步形成行业知名度和独有优势。第二步，通过商标智能注册系统，以自营电商的方式切入行业中最成熟、最容易变现的业务领域。第三步，在获得行业领头羊地位之后，推出行业合伙人计划，为行业里的中小企业/代理机构赋能，扩大行业影响力。第四步，未来推出知识产权金融服务以及 API 数据开发平台。

权大师的每一步都紧密关联，同时由小渐大，逐步增强核心竞争力和盈利能力，获得行业领导者地位后，再向更高的产业樊篱进军。权大师发展的过程，就是一个用数字化工具逐渐解决不同的、更深的行业痛点的过程。

深思平台：
构建企业 AI 核心能力，提升智能决策质量

摘要：深思平台是一个涵盖 AI 研发和应用整合的 SaaS 云服务平台，由深圳智易科技有限公司（以下简称"智易科技"）研发推出，2017 年落地深圳。该平台主要服务于需要人工智能机器学习能力的企业，通过帮助企业构建自身 AI 核心能力，实现企业运营中的智能预测需求。

深思平台的应用较为广泛，在零售、电信运营、金融、工业制造等多个领域具有成熟的应用场景。比如零售行业的销售预测、精准营销，金融行业的智能风控，制造业的预测性维护、缺陷检测，等等。用户只需要专注于数据本身和商业目标，将复杂的训练搭建和系统部署统统交给平台，无须编写代码，就可以快速研发出可应用于生产实践的 AI 模型。深思平台可以帮助企业快速反应市场变化，提高内部高阶决策质量。

关键词：AI 能力　　智能预测　　机器学习　　SaaS 云服务

1. 背景说明

近年来，各行各业的数字化呈现加速趋势，人工智能重塑了企业的运营效率，拥抱人工智能技术已成为发展的必然趋势。但在市场现状中，一方面，垂直型人工智能企业大多提供标准化的行业解决方案，比如人脸识别、车辆识别等，难以满足企业自身多样化、动态变化的情景需求；另一方面，如果

企业组建算法工程师团队,则需要面对高昂的人力成本。据领英发布的《全球 AI 领域人才报告》显示,中国人工智能人才缺口超 500 万人,供求比例为 1∶10,中国人工智能行业人才需求居高不下,中小企业难以承受人力成本。

智易科技认为技术工具化是解决问题的有效办法,其研发的深思平台覆盖机器学习全生命周期管理,全程可视化,用户只需要把相关数据上传到该平台,通过简单配置操作,即可完成 AI 模型算法的生成。在这一过程中,用户不需要了解任何与 AI 相关的技术名词、复杂算法、模型参数配置等。

2. 创新描述

在让企业拥有自主研发 AI 模型的能力方面,深思平台的创新突破主要表现在以下两点。

深思平台页面展示

2.1 将 AI 应用门槛降低，零基础可建模

企业里，相比算法工程师，业务人员更了解业务，要让不懂任何代码知识的非技术人员使用机器学习平台辅助企业决策，最关键的就是做到——低门槛。虽然众多科技巨头公司推出了企业级机器学习平台，这些平台内置丰富的算法，可通过操作结合少量代码进行建模，但仍需要具有一定 AI 基础的人才能上手。

深思平台提供数据预处理、特征工程、模型训练、模型自动调参、模型托管的一站式服务，实现从数据至模型实际应用的完整闭环，让用户无须拥有算法经验、无须编写一行代码，也能基于场景数据生成模型，真正降低 AI 技术落地各行业的门槛。

为了将产品打造成一款人人都可上手使用的零门槛人工智能平台，智易科技曾邀请一位没有任何技术背景的外卖小哥在平台上进行体验。在经过一次简单的 demo 演示后，智易科技的产品经理拿出一个包含大量不同种类蘑菇特征的样本数据集（1 万多个样本，20 多个复杂特征），并让外卖小哥尝试独立训练出一个用于蘑菇种类识别的 AI 模型。在没有任何提示的情况下，这位外卖小哥通过数据导入—目标设定—模型训练—模型生成四个步骤，15 分钟内就训练出了一款识别准确率 99% 以上的 AI 模型，这其中还包含了数据处理和模型训练的等待时间。

2.2 AutoML——实现模型自动调参

在实际的 AI 应用中，如果想让机器学习获得比较好的学习结果，除了对数据进行初步分析、处理，可能还需要依赖领域知识对数据进行进一步的特征提取和特征选择，然后根据不同的任务及数据特征选择合适的机器学习模型，在训练模型时还要调大量的超参数，整个过程中需要花费大量的人工和

一位外卖工作者尝试独立训练 AI 模型

时间，还往往得不到一个较优的模型。

深思平台集合了最新的 AutoML 功能，大幅减少需要人工干预的繁杂工作，针对特定的数据集和模型训练目标，进行大量迭代式的计算，从几十种主流机器学习算法中挑选出性能最优、准确度最高的模型。用户只需要提供数据集、确定任务目标，之后的工作就交给 AutoML 处理。AutoML 功能大大降低了使用机器学习工具的门槛，让机器学习工具的使用过程变得简单、轻松。

3. 应用案例

3.1 菜品销量预测——大型连锁餐饮智能化转型

3.1.1 应用简述

随着大众餐饮消费的迅速增长、复杂多变的需求以及科技的不断推动，国内餐饮业已经进入技术 + 产业融合的阶段。

某连锁餐饮商希望基于长期的销售相关历史数据，对各门店销量情况进行预测，通过精准的菜品销量及相应原料需求的预测，提高供应链管理的效率，实现降本增效。更细粒度、更精准的菜品销量预测，可以实现库存、物流、采购等各个供应链环节的优化配置；在菜品更新、员工绩效考核、新店选址等方面，餐饮商也希望获得指导性建议。

连锁餐饮这类标准化程度高的企业，非常依赖中央厨房配送的半成品，许多中式快餐需要预制，以满足高峰时期快速出品的需求，因此需要根据前一天、上一周的销售量来预估当日的销量，配送的半成品、预制成品过多，就会造成浪费，不足则影响业绩。现有的通过人工手动进行的销量预测，已经不能满足该连锁餐饮商精细化运作和管理的需求。

3.1.2 解决方案

智易科技基于人工智能技术的销量预测功能，帮助该连锁餐饮商搭建了一套基于数据驱动理念的智慧门店管理系统。该系统与客户后端数据库实现对接，利用内置的大数据分析和人工智能模型进行实时销量预测（针对菜品销量、销售额等），并以可视化方式呈现门店运营的相关数据信息及人工智能的预测结果，为门店管理人员作出合理、快速的决策反应提供坚实的技术支撑。

除此之外，智易科技还帮助该连锁餐饮商搭建了一套基于微信会员卡的自动化营销运营管理及效果评估系统，通过会员系统的持续运营记录下会员的饮食消费习惯，并根据会员的个性化喜好，利用AI模型对每个会员作出定制化的个性推荐和客户画像分析；同时，记录和跟踪不同营销活动的效果，并提供相应的数据分析，帮助门店有效地评估营销效果。

3.1.3 阶段性成果

该连锁餐饮商通过智能化的销售预测，降低了食材成本的浪费，综合预

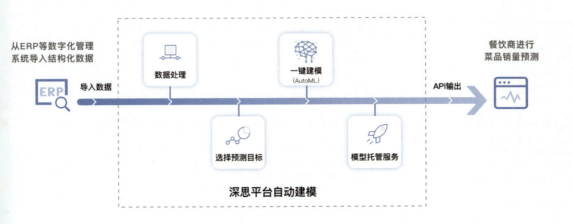

通过深思平台自动构建菜品销售预测模型并自动调参优化模型

测结果比同等条件下人工预测误差减少 40%。

3.2 智能生产故障监控及异常诊断——人工智能时代下的新制造

3.2.1 应用简述

过去十年,传感器成本大幅下降,使得企业能够在各个生产阶段采集数据,通过人工智能手段从海量数据中挖掘价值,解决制造业面临的如不稳定的质量及良品率、生产线设计缺乏灵活性、产能管理困难以及生产成本上升等问题。

以某制造商为例,由于生产过程中会产生数万个影响良品率的生产参数,任何变量的细微变化,都会直接影响生产结果,通过工人经验调节设备参数,良品率难以取得有效提高。

3.2.2 解决方案

在使用深思平台之后,该制造商基于平台自动分析生产过程中采集到的全部变量,实时监测生产关键变量的变化情况,利用 AI 技术定位异常参数,生成诊断报告并进行故障恢复,实现生产线故障实时监控、定位、自动修复三位一体。

3.2.3 阶段性成果

最终该制造商精准定位故障的速度提升了 15 倍,并在原有的基础上额外发现了多个的故障点参数,大大提升了工厂预测性维护的效率及生产良品率。

1. 故障监控

通过基于机器学习算法的智能数据采集器来实现智能的数据过滤、关键数据识别、监控,实时对全量数据计算分析,最终实现及时预警,从而降低运维成本。

 传感器

数据 数据价值闭环 数据

 系统集成

 2. 故障定位

通过深思平台训练一个高准确度的AI模型,从中获得每个参数对于异常的影响权重,并根据权重大小,大幅缩小导致发生异常故障可能发生的范围,从而定位异常点。

 3. 系统优化

故障定位后,自动筛选出对应时期同样经历异常的参数,从而找到这一起趋势性异常事故发生的原因,触发回调动作,完成自动修复,实现AI自愈。

深思平台

智能生产故障监控及异常诊断

与此同时，该制造商能够通过系统显示了解所有制造产品"良好"和"不良"分布，并对缺陷产品进行分类，以便识别故障发生的根本原因。

4. 市场应用及展望

人工智能从一项技术发展到为大众普及，这期间需要经历大致三个阶段：首先是 AI 技术底层基础设施的建设和积累；其次是低门槛 AI 工具出现，让更多的人可能成为 AI 智能化应用的开发者和应用者；最后进阶到 AI 全民化的普及应用。

目前国内正处于"AI+"时代的第二阶段，将不断涌现更多推动人工智能技术普及化的应用型公司。未来，智易科技将会持续致力于实现人工智能技术的低门槛化和工具化，更广泛、更深入地助力传统企业创新升级，最终打造出聚集行业 AI 应用的生态系统。

编委会点评

1. 社会效益

AI人工智能技术在计算机科学领域已经有了几十年的发展，"养在深闺人未识"的基础科学在这两年以突飞猛进的姿态进入大众视野，是因为两个必要条件已经具备：一是以大数据和云计算为代表的IT基础设施的完善，二是以数字经济为代表的互联网革命进入产业互联网深水区。

数据已经在了，产业互联网的需求也已经在了，再加上AI技术公司提供算法赋能、建模赋能，越来越多的AI智能应用不断涌现。以深思平台为代表的低门槛AI工具平台的出现，更是将AI智能化应用的开发难度降低到普通人也可以立刻上手的程度，以SaaS化的方式供全民使用，对于广大的传统企业，尤其是中小型企业和创业企业来说，提供了AI+的无限可能。

2. 创新价值

目前市场上AI应用的主流模式还是在基于大型企业深度需求的定制应用上。深思平台提出"零基础可建模"，适用于刚开始接触AI，尝试用AI的方式来解决运营管理问题的企业用户。用户只需要专注于数据本身和商业目标，将复杂的训练搭建和系统部署统统交给平台，无须编写代码，就可以快速研发出可应用于生产实践的 AI 模型，而且在零售、电信运营、金融、工业制造等多个领域已经具有成熟的标准化模型可供采用。

易快报：
敏捷的企业报销与费控管理平台

摘要： 项目于 2015 年 6 月 29 日上线，专注于为企业提供移动互联时代的电子化报销费控管理，项目建设经历了个人用户免费使用、提供企业报销服务、产品转型轻应用形态、广泛连接战略四个阶段。

易快报是中国连接型费用管理平台的开创者，其以业财一体化为目标，通过建立财务系统和业务系统的映射关系，帮助企业从财务视角进行费用合规性管控，从业务视角进行运营分析，进而细分、定制业务流程，以低成本为企业客户提供高价值，实现更高的商业智能。

关键词： 移动报销电子发票　企业级 SaaS　降本增效　商业智能

1. 项目背景介绍

1.1 新经济时代下的企业降本增效

以科技创新为生产力的新经济时代，在企业经营成本不断上涨、行业竞争加剧和经营管理成熟度持续提升的背景下，企业降本增效势在必行。就企业财务管理层面，此前简单粗放的传统报销方式已不能满足企业财务高效运转和精细化核算的需要，这就要求报销与其业务深度结合，即在报销合规的基础上合理降低生产经营成本，增强企业核心竞争力。

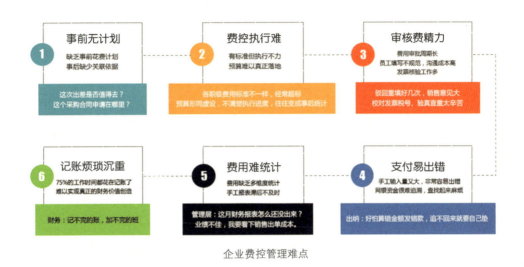

企业费控管理难点

1.2 企业数字化转型,移动办公浪潮兴起

随着云计算、大数据等技术的兴起,通过移动终端可以在多种场景下及时处理办公信息,打通企业内外部信息交流壁垒,实现信息的快速触达和双向反馈,企业数字化转型是移动办公平台发展的重要驱动力。移动办公平台作为"互联网+"时代下企业办公的新形式,利用云计算和移动互联网等技术降低企业信息化门槛,提高企业经营效率和水平,打造开放平台,建立协作共赢的云服务生态。

1.3 电子发票迎来增长拐点

随着营改增在各行业的全面推开,电子发票已在餐饮、电商、金融等多个领域广泛应用。财政电子票据改革是政府深化"放管服"改革的重要体现,是"互联网+政务服务"的深化实践,其核心就是将实物票据在各项业务流程中电子化。发票形式从纸质到电子化的转变,使得企业报销管理的难度和

移动支付与国家政策推动下的电子发票浪潮

业务复杂度瞬间加剧,给企业的费控和财税管理工作带来新的挑战和压力,这势必为移动报销费控行业创造巨大的成长机会,助推移动报销费控市场迎来高速增长。

2. 项目创新点

易快报是敏捷的企业报销与费控管理平台,面向企业提供专业的订购、报销和费控管理服务。其打通订购—报销—支付—记账全流程,实现全电子化的数据联通,让企业的费控管理更加合规、透明、效率,做到帮企业省钱、让员工省事。易快报的创新价值表现在以下两个方面:

2.1 SaaS 敏捷开发:共赢的新生工作方式

相比传统财务软件的交付,易快报省去了所有与 IT 相关的本地部署与管理流程,无须本地安装和部署,直接向客户交付简单易用的报销费控管理服务。

可快速部署上线,让员工集中精力于核心业务的运营发展;

以用户需求为中心，注重用户体验，简单易用，软件即标准，员工使用即进入报销规范，学习"零"成本，满意度高；

门槛低，省费用，按需收取租赁费，非一次性大投入，不被绑架，减轻企业现金流压力；

对 IT 运维来说，集成能力强，易于维护，产品快速迭代和自动更新，永不过时。

项目负责人
快速部署上线
集成能力强

普通员工
简单易用，随时随地
"零"学习成本

管理者
门槛低，省费用
不被绑架

IT运维
易于维护
持续升级，永不过时

易快报打造共赢的新生工作方式

2.2 电子化报销费控方式

2.2.1 移动报销费控

易快报突破传统办公软件的时空界限，支持 PC、移动端多端数据同步，提供随时随地多场景化的协作方式——员工可巧用碎片化时间，随时随地提交和审批单据，打通订购—报销—支付—记账全流程信息交流壁垒，实现全电子化的数据联通和信息快速触达双向反馈，让企业的费控管理更加合规、透明、高效，做到帮企业省钱、让员工省事。

2.2.2 标准化与个性化统一

各行各业报销业务千差万别,易快报最大化提取企业共性需求,进行产品组件化设计,为企业客户提供高度灵活的自定义功能,可配置程度高,让标准化产品通过宜家式的高度自定义功能组合,快速满足企业个性化需求:单据模板及费用类型自定义,灵活搭建;费控预算自定义,刚柔并济;ERP标准插件,对接总账顺畅……同时又针对企业的个性化需求提供强大的数据互联平台,尽可能平衡中小企业廉价标准化产品需求与大客户定制化需求的关系。

2.2.3 数据互联能力

易快报是中国连接型费用管理平台的开创者,为带给用户更为极致的报销体验,易快报以业财一体化为目标,以连接为核心,对内可与企业现有CRM、ERP、OA等工作管理系统无缝集成,对外可对接消费平台、发票查验平台、网银系统,以此打破数据孤岛,整合企业内外部信息,实现业务和财务数据的互联互通,让工作管理协同有序。例如,2016年4月26日,易快报

易快报为企业带去移动互联时代的电子化报销费控体验

成为滴滴官方首家报销战略合作伙伴，引领行业先河，推动滴滴首创 API 接口开放能力，并联手开创行业因公出行报销统一开票模式，易快报用户可直接在报销单里导入滴滴出行订单，自动生成费用明细。

2.2.4 轻应用产品形态

移动互联网应用与智能交互技术进一步融合的发展态势标志着中国移动媒介正式进入轻应用时代。易快报突破传统产品形态，在行业领域内率先自主研发轻应用，使得其能够通过"开放"与第三方系统灵活无缝集成，作为一个功能模块即插即用到其他的应用、平台，以此提供报销费控服务，解决了与企业客户已有办公系统的对接问题。易快报更具针对性、更加便利的功能调用，弥补了原生 APP 下载所带来的麻烦，单点登录，无须下载安装，触手可及，用完即走，无须卸载，良好地解决了报销应用长尾分发的问题。

3. 项目发展阶段

3.1 项目发展进程

易快报在成长道路上意识到：免费模式能够在早期获得大量用户，但培养客户的持续付费意愿更有利于形成健康的商业模式，续约和留存是自身经营发展的关键。

易快报这一项目进程大致可分为以下四个阶段：

第一阶段（2015.6—2016.3）：首次推出免费移动报销应用，"易快报"产品上线。

第二阶段（2016.3—2017.3）：专注电子化报销费控服务市场，开始进行产品收费。

第三阶段（2017.3—2018.6）：轻应用版易快报上线，产品应用场景实现巨大扩容。

第四阶段（2018.6至今）：具备数据互联能力，提升企业客户数据集成效率。

2018年6月，易快报数据互联平台上线。至此，该项目成为国内唯一一个完成轻应用产品形态和具备数据互联能力的电子化报销费控平台。

易快报在产品打造的过程中始终坚持以客户价值为导向，以连接为核心，积极参与企业级SaaS生态的构建，在走向平台化的过程中，除了为企业客户提供高效的电子化报销费控服务，还不断为企业客户挖掘更多报销费控数据

项目应用实例展示

下的深层价值，以此实现更高的商业智能，帮企业省钱，让员工省事。

3.2 项目应用实例

3.2.1 实例描述

绿地控股集团有限公司（以下简称"绿地集团"）创立于 1992 年，是一家全球经营的多元化企业集团。绿地集团广东事业部旗下拥有 30 多个分公司；在绿地集团南下的 7 年里，从广州到布局珠三角，曾在广佛五大项目拿下多个冠军，成为全国房企的华南样板。在快速扩张的过程中，绿地集团广东事业部业务量激增且类型繁杂，出现了日常报销麻烦、费用难管控、发票报销难等问题，且原有 OA 系统缺乏功能强大的移动端，不能给业务发展提供有力支撑，企业财务信息化管理亟待升级。

3.2.2 报销费控解决方案

上线易快报后，绿地集团广东事业部的员工可通过移动端实现随时随地提交和审批报销，事前预算—事中控制—事后分析的全程费控，发票导入校验等各种功能，以此实现企业业务与整体报销费控流程的有效集成与衔接，帮助财务部门进行精细化的费用核算管理和细粒度的财务数据分析，实现从业务到财务的决策信息能够在授权的前提下得到充分集中、集成和利用，从而帮助企业落地预算管理和高效决策。

移动报销：使用易快报后，员工可随时随地提交和审批报销，大幅度提高报销效率和流程监管力度，让审批更加规范、省心，消费更透明。配合易快报自定义审批流功能，还可有效规范审批流程监管，加强企业内部管理效能。

预算费控：在降低营业成本方面，易快报的预算及费控功能可按部门、项目、人员、消费类型等维度组合建立企业预算费控体系，事中提供多种预警方式,预算执行进度实时知晓,实现事前预算—事中控制—事后分析的全程费控,实时帮助项目进行有效的成本控制和利润测算分析,提高财务管理效能。

财务管理:为了帮助财务人员缩短合计费用和编辑报告的时间,易快报 ERP 插件可一键生成单据凭证,节省 90% 的记账时间,使财务人员彻底告别烦琐的誊抄记账工作,让财务人员为企业创造更大的价值。

发票管理:作为房地产公司,项目不断激增不可避免地会有大量发票产生。员工使用易快报扫描发票二维码或导入电子发票,即可完成发票的自动验真、查重,避免重复报销,告别人工手工录入和肉眼核验,有效规避税务风险。

3.2.3 绿地集团广东事业部的应用价值

2018 年 2 月 6 日,第一张报销单支付成功,标志着绿地集团广东事业部报销费控管理全面实现电子化数据联通和可视化智能分析。

易快报承接绿地集团广东事业部的报销费控信息化建设,以支撑整个企业完整报销费控业务为主线,打通绿地集团广东事业部与 30 多个分公司、企业内部部门与管理层级之间的报销费控"经脉",从而打造总部与众多分公司统一架构的财务信息化一体化平台,大大提升了其财务和运营效率。

4. 阶段性成果

截至 2018 年年底,易快报共服务绿地、中航信、每日优鲜、Tiffang、广东人民出版社、云海肴等超 175 000 家企业,并构建了覆盖全国的自有渠道销售与服务体系,合作企业包含上游平台级厂商以及各行业和领域的传统软件渠道代理商,服务网络范围覆盖华北、华南、华东、华中等超过 28 个城市。

5. 未来应用及展望

未来，易快报将继续加强在技术创新、人才引入方面的投入，加速全国营销和服务网络的规模化落地，为我国企业提供高度融合其业务发展的电子化报销费控服务。

5.1 从报销费控 SaaS 切入，全面提高企业财务效率

因公消费是企业报销的源头，而财务报销在企业信息系统里是月活最高、使用频率最高的一个板块，既是联通企业消费与内部财务管理的纽带，同时也是提高企业管理效率的关键，易快报打通订购—报销—支付—记账全流程，实现全电子化的数据联通，让企业的费控管理更加合规、透明、高效。

5.2 延伸企业消费，成为供应商和企业的强枢纽

通过与同程、途牛、阿里商旅等众多第三方消费平台的连接，易快报可反向延伸至企业消费，为企业提供酒店、机票、办公用品采购服务，打通企业消费信息和企业报销数据之间的壁垒，也将基于企业电子化报销管理进行反向延伸，从企业消费这个报销的上一个环节切入，让企业的消费行为在发生时即可进入费用报销控制体系，形成完整流畅的企业费控管理生态闭环。

5.3 拓展消费金融，实现企业差旅的全流程管控

50% 的 TMC（商旅管理公司）的客户有保理垫资需求，易快报可基于企业客户的全息动态数据进行风控与授信，由 TMC 保理垫资扩充到企业因公消费的全品类。

编委会点评

1. 社会效益

易快报提出"连接型费用管理平台"的理念，以连接为核心，对内连接企业现有的 CRM、ERP、OA 等工作管理系统，对外连接消费平台、发票查验平台、网银系统等，由此打破费用报销相关财务事项的数据孤岛，整合企业内外部信息，实现了业务和财务数据的互联互通，让数据流从业务发生的场景开始记录，直接贯通整个财务环节，省去了中间人工对接的繁复流程，不仅节约了人力，而且真正实现了可追溯、可审查。

2. 创新价值

事实上，数据孤岛现象不仅存在于企业内部的不同部门之间，也存在于企业与企业之间，企业与互联网世界之间，企业与外部实体场景之间。"连接"不仅是易快报的突出优势，也是众多 SaaS 服务平台共同需要解决的问题。实现数据的联通、业务流程的连接，才能最终实现金融服务的连接、人工智能的连接。

云徙科技：
营销数字化帮助日化企业打造超级用户体系

摘要：近年来营销数字化转型逐渐成为企业的核心关注热点，而以消费者体验为中心、以数据为驱动力的新商业创新与运营是转型的关键。在菲利普·科特勒的《营销革命4.0》一书中，译者评价，不从营销入手做数字化转型，数字战略要么变成"互联网思维"，找不到落地的实施步骤；要么变成"数字工具使用集合"，找不到整体战略蓝图。杭州云徙科技有限公司（以下简称"云徙科技"）采用阿里巴巴大中台的设计理念和技术，帮助传统企业转型为数字化企业，首先实现营销数字化，打造超级用户体系，共创三种能力：消费者触达能力、全渠道交易能力、基于数据运营能力。云徙科技实现了线上线下融合，提升了用户体验，业务良性增长。

关键词：超级用户　营销数字化　新零售　数据运营

1. 背景说明

我们正处于一个互联网技术和各行业加快融合、孕育变革的时代，以大数据、云计算、物联网和移动网络为主要标志的新一代信息技术发展迅速，日益成为推动社会、经济、政治和文化等各个领域发展的强大动力，企业数字化平台建设将成为先进企业发展的一个重要目标。用工业经济的传统思维去判断过去企业的产品和服务线的市场，将是有限的，一片红海，百舸争流；

用知识经济的互联网思维去构想未来企业的海量"超级用户"和优质个性化服务的市场,将是无边界的,一片蓝海。

以日化企业为例,日化企业拥有强大的用户基础,运营数据涉及产品数量及种类、消费者数量、消费者特征及行为偏好、区域市场销量等各方面。当前大部分日化企业虽已开始探索数字化营销、场景营销,但对上述数据的开发程度不足,数字化营销也只覆盖了局部。未来,移动互联网和物联网应用将会拓展到更深层次,一个产品从研发、生产到制造,再到消费者手中,每个环节都会产生大量的对象、时间、场所、种类、数量等数据,如何通过整合、开发这些数据以支撑企业进一步开发消费者市场、研发新产品、开发新商业模式,需要消费品企业拥有更强的数据开发、分析、整合能力。

日化企业的数字营销应当从全局视角出发,站在行业的高度,以数字化的思维,全面分析各项业务,建立业务模型、用户模型、商品模型、分析模型;结合同行及跨行业的数字化现状,设计出数字化总体技术方案与线路;通过整合人性化的用户服务场景提升用户体验满意度。日化企业的数字营销应当在技术方面实现统一的技术架构与基础保障环境,确保互联网消费场景下的系统性能;在管理方面设计支持可持续发展的数字化管理模式与建设运行机制,提升日化企业的核心竞争力。

2. 创新描述

云徙科技以引领企业数字化创新为使命,携手阿里云共同推进企业数字化转型与创新,努力成为最具影响力的新一代企业数字化服务公司。以下具体说明云徙科技如何帮助某日化企业打造超级用户,构建消费者触达能力、全渠道交易能力、基于数据运营能力这三种能力。

2.1 打造超级用户

云徙科技通过 FAST 指标构建某日化企业客户价值评估体系，为数字化导向的消费者管理体系赋能，具有可量化、可对比、可优化的属性，打造企业的超级用户。

	数量指标	质量指标	
品牌认知度	**F** AIPL总量	运营效率 **A** AIPL转化	• 总体人群 • 提升手段 — 基础增长及转化
品牌忠诚度	**S** 超级用户数量	**T** 活跃超级用户数量 消费者质量	• 高价值人群 • 提升手段 — 人群分析 — 提升产品丰富度 — 精准触达

FAST 指标客户价值评估体系

FAST 指标主要由四部分构成，分别是消费者资产中的人群总量（Fertility）；加深率（Advancing），即消费者历程中从认知到产生兴趣再到购买，并成为忠诚用户各个阶段的转化率；超级用户数（Superiority），是指对品牌而言具有高净值、高价值及高传播力的消费者，如品牌会员等；超级用户活跃度（Thriving）。这四个指标不仅可以评估消费资产的数量（F 和 S），也可以评估消费者资产的质量（A 和 T）。构建 FAST 指标体系能够更加准确地衡量品牌营销运营效率，同时 FAST 指标也将品牌运营的视角从一时的输赢（GMV）拉向了对品牌价值健康、持久的维护。

对该日化企业而言，最大的理念转变就是运营模式的转变，即从过去的"流量运营"到今天的"人群运营"。流量运营时代要考虑的主要因素是：流量、转化率、客单价。今天我们要把另外两个因素考虑在内，一个是时间，还有一个是人群质量。这样的转变对企业来说有两点变化：第一，企业所做活动对客户的影响可以通过数据看到；第二，通过数据可以持续运营客户。技术支持下的这两点变化直接影响企业的消费者策略制定。首先，企业可以对用户进行细分，针对不同用户制定不同策略；其次，策略不再聚焦于某个时间点，而是一个周期。这其实是迫使企业从消费者视角审视自己的市场运营策略，打造超级用户。

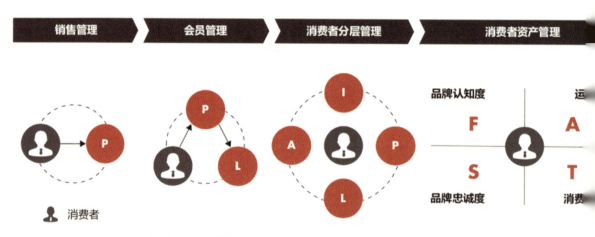

AIPL 分别是：Aware（认知）、Interest（兴趣）、Purchase（购买）和 Luyalty（忠诚）

AIPL 评估体系

2.2 构建全新消费者触点模型

云徙科技基于阿里巴巴大中台设计理念和中台技术，为该日化企业构建实时在线、随需而变的业务创新平台。该平台具有多个数字化线上、线下业务场景，当消费者接触业务场景后，数据实时同步到业务系统。运营人员通过数据分析和中台的智能模型以判断如何更好地服务客户。

消费者触点模型

在线是未来世界发展的关键，在线绕不开互联网、大数据和云计算，大数据的本质不在于大，而是双向在线。该日化企业有一款 AI 测肤的技术，用户打开手机扫一下自己的皮肤，输入手机号码，按一下确认键，就成为了该企业的注册用户，随后，一个在线的智能测肤旅程就开始了。用户如实回答网页提示的问题，每回答一道题，系统记录一项答案，最后平台根据数字中台的算法模型，向用户推荐针对性的产品与服务。同时，通过用户的使用评价与分享，可以纠正算法模型，使其持续学习与完善，算法模型也会越来越准确。该日化企业构建了数字中台后，大大缩短了企业创新的时间，在全触点的创新上，举一反三，大胆尝试。

2.3 全渠道交易能力

近年来,传统企业走向线上,互联网企业开始走向线下。该日化企业大胆尝试,原来分别负责线上与线下的两个团队,通过调整激励机制和营销策略,实现统一管理。该日化企业与主流电商渠道如天猫、京东、唯品会、1号店、苏宁易购、拼多多都有合作,同时拥有自有数字化平台的官方商城、APP、微信、小程序。该日化企业线下拥有近 20 000 家门店,分布在国内 34 个省级行政区。

该日化企业不仅实现了 100% 订单在线交易,而且还实现了线下活动线上化,例如门店抽奖线上化,培训线上化,合同签署线上化,商品陈列线上化。实现全渠道交易能力最重要的是实现了全渠道库存共享与实时在线。

在没有数字化之前,该日化企业线下门店的会员超过千万级别,假设有

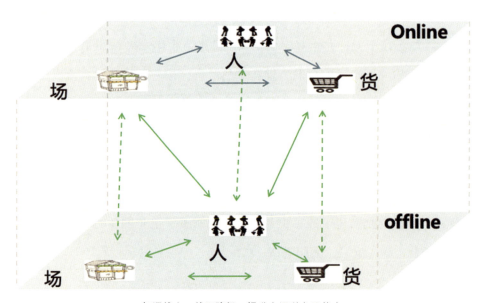

打通线上、线下路径,提升全渠道交易能力

几千人到店参加某个大力度的抢购活动，那会是什么场景，大家举着钱喊：卖给我！卖给我！当多名工作人员进行现场销售，一手收钱，另一手递货时，会不会存在超卖的情况？答案是肯定的。2017年以前，该日化企业也会学习淘宝等互联网企业的做法，偶尔策划一些互联网营销活动，可是，没有一次是顺畅的。活动的设计很好，可是，系统无法支撑。云徙科技应用阿里的技术和运营经验，赋能该日化企业，创造了一个新产品上市秒杀抢购活动，近百万用户同时抢购，2小时完成全年总销售收入的26%，引起全集团高度关注。

为了保障该次秒杀抢购活动的成功，云徙科技使用了全链路压测技术，即模拟百万级会员抢购的场景；还使用了限流技术，预防用户超过系统的性能极限，预防恶意访问导致系统崩溃。同时，互联网场景下，库存的复杂逻辑比传统企业销售复杂得多。业务架构师细致地分析了库存的处理逻辑，发现其与九大要素相关，即订单要素、商品要素、店铺要素、活动要素、物流要素、退货要素、安全要素、用户要素、积分要素。什么场景下锁库存、什么场景下扣库存，什么场景下可以发货，什么场景下可以开发票，库存数量一个都不能差。

2.4 基于数据运营能力

传统企业中的销售，即数字化企业中的运营。该日化企业构建了数字中台，所有业务应用基于数字中台共享服务开发；组建了运营团队，运营团队由技术人员和业务人员共同组成，该团队也叫增长团队。本质上，这是一种精准、低成本、高效率的营销方式。这主要体现在怎样把一个陌生人变成忠实用户和超级用户。

基于数据运营能力，数字中台可以实现多种运营动作。例如通过

ABtest 技术和灰度发布技术，判断哪种活动好，哪种不好。用更低的成本、更高的并行度进行试错，不断优化资源的投放效率，追求极致运营效率。不同的页面交叉推荐：当用户将产品加入购物车时，推荐关联产品，实现组合销售；当客户准备支付时，提醒用户满减、满赠活动；当用户点击支付按钮，购买金额不足以支撑免费送货时，提醒用户达到多少金额可以免运费；当用户确定支付时，提醒用户加入VIP会员折扣更多，服务更多，享有更多会员权益；当用户完成支付后，提醒用户好评赚积分，晒图片送礼品，分享有好处。

所有运营动作调整基于数据反馈，追踪每个链路的转化率、跳失率。改善每个环节的转化率，可降低每个环节的跳失率，才能使企业快速迭代，实现业务增长。

3. 市场应用及展望

第一期项目营销业务数字化上线后，该日化企业每秒订单创建能力提升400%；每秒订单付款处理能力提升360%；定制产品完整下单时间降低53%；营销活动上线周期缩短82%，活动的转化率提升了29%；上线智能客服后，服务时间是原来的4.36倍。数字营销赋能该日化企业新零售创新，"人"从原来的有限顾客到链接广大互联网用户；"货"从原来自有产品到产品＋服务，未来将扩大到生态伙伴的产品＋服务；"场"从原来线上线下渠道割裂到线上线下融合，提升用户体验。该日化企业加强了运营团队管理，快速迭代，小步快跑，提升了运营效率，销售业绩有了明显的增长，业务增长速度明显加快，领先于同行。

未来，云徙科技将基于第一期项目构建的数字中台，从营销域走向供应链域、生产域，实现全面业务数字化，进一步改善该日化企业的交易效率和用户体验。同时，云徙科技将基于这些行业底层数据，帮助该日化企业向整个行业开放 API 接口，召集行业合作伙伴创新业务、提供增值服务，共同推动日化产业的营销数字化创新。

编委会点评

1. 社会效益

在该案例里,云徙科技做了两件事,第一件是基于阿里巴巴大中台设计理念和中台技术,帮助企业构建了数据中台体系,将企业的消费者、产品、市场等数据资产统一管理,形成中间件接口,为未来接入各项基于品牌数据资产的业务应用,甚至向整个行业开放 API 接口,提供底层大数据支持。这是企业数字化里的重活、累活,也是关键一步,为全面数字化打下基础。第二件是在数据中台基础上,从营销环节的数字化开始解决实际业务需要,为企业构建了"超级用户"的具体应用,统一管理多种消费者触达渠道,指导企业基于数据运营用户的详细步骤、管理流程、运营模式。营销环节的数字化是最容易见成效,也是对企业帮助最大的数字化环节。用市场来倒逼改革,当营销环节的数字化完成后,再深入供应链环节的数字化、生产环节的数字化等。

2. 创新价值

云徙科技提出的以"超级用户"为核心的消费者运管理念,"FAST 指标"客户价值评估体系,包含自有数字平台、第三方电商平台、社交数字平台、线下店铺、线下活动、线下连接、智能设备等在内的线上线下"消费者触点模型"，基于增长的数据运营策略，基于中台技术的企业数字化平台整体数据架构，都兼具理论创新和产品创新的特点，为构建数字化导向的消费者管理体系，提供了非常清晰具体的操作路径，为行业提供了可供借鉴的指导模式。

03

第三章

产业协同构建智能生态圈

PKU Innovation Review

众农联：
创新产业整合打造现代农业生态体系

摘要： 杭州众农联网络科技有限公司（以下简称"众农联"）通过互联网手段解决产业整合问题，塑造"农业产业链＋产业互联网＋综合赋能"三位一体形态，重构农业产业生态体系，延长产业链、提升价值链、完善利益链，推动全产业升级、全链条增值。众农联根植于农业产业本身进行变革式创新，打造共享式产业互联网平台总部经济体，开拓了现代农业产业经营模式和新业态，走出了一条独特的产业整合创新之路。

关键词： 产业互联网　供应链金融　产业整合　现代农业产业体系

1. 背景情况

当前，以互联网、大数据、人工智能等为代表的新兴科技正引领传统产业从业态结构到组织形态、从发展理念到商业模式的全方位变革和突破。我国正处在转变发展方式、优化经济结构、转换增长动力的攻关期，经济社会发展进入转型阶段。传统产业与新兴科技的深度融合助推经济脱虚向实，是推进供给侧改革，实现转型升级的重要路径之一。中央做出农业农村优先发展、乡村振兴、深化农业供给侧结构性改革等一系列战略部署，要求利用数字技术实现实体经济，特别是先进制造业、现代服务业、现代农业的提升和转型。这亟须新业态、新模式为农业注入新动能，培育农业新经济、引领农业新发展。

众农联是由浙江泓昆集团、蓝源资本和中国电商公共服务联盟联合打造的中国农业产业互联网平台型总部经济体，定位为"农业产业整合的顶层设计者、农业供应链效率提升的服务商，基于产业整合的B2B平台运营商"。众农联以产业互联网为工具，在金融资本顶层设计下，采用"产业链＋互联网＋金融资本"三位一体模式对特色产业进行整合，打造轻资产、共享式、平台化的产业互联网总部经济，为供给侧结构性改革提供了可落地的实现路径。

众农联的发展十分迅速，自2017年12月成立以来，目前已成立三个省级平台，分别是2018年4月的黑龙江众农联公司、2018年12月的辽宁众农联公司、2019年4月的内蒙古众农联项目。山东省、河北省、四川省、福建省等也正在积极沟通项目落户和发起成立事宜。

众农联以农业供应链为切入点，将种植、加工、贸易等产业链相关龙头企业发展为省级平台合伙人，通过集中采购、源头交易、竞价交易等多种经营模式，以及供应链金融、智慧物流等多种赋能手段，形成强大的市场资源优势，对全产业链需求进行精准匹配。

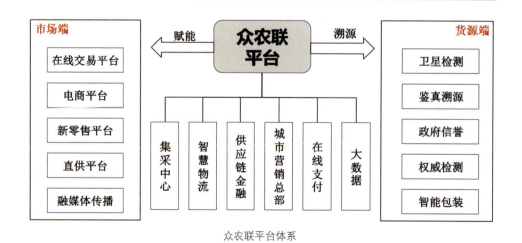

众农联平台体系

2. 创新亮点

众农联以"政府支持 + 龙头带动 + 行业抱团""B2B+O2O"平台型共享式模式，解决了单一农业企业或一地政府难以解决的农业产业共性问题，实现集中采购降成本、集中物流提效率、集中碎片化信用提供供应链金融服务、集中优质供应商扩销量等价值。

2.1 集中采购降成本

众农联通过搭建线上交易、透明化采购，实现信息互联互通，提高行业采购效率，增强采购的选择性，为企业降低成本。可集中采购的产品涵盖大宗商品、包装、物流、设备、农资农具等农业产业链相关产品。

2.2 集中物流提效率

众农联的自有物流品牌农嘀嗒智慧物流通过聚合铁路、公路、水路、航

智慧物流系统

运等物流环节，合理规划物流路线提高物流效率，降低物流成本；同时通过物流中的管控、支付、保理、租赁等服务获取平台自身的利益。

2.3 集中碎片化信用提供供应链金融服务

针对企业信用信息不足、动产质押担保面临困难和风险等问题，众农联搭建了较为完备的供应链金融体系，由银行授信、政府产业基金和社会私募基金组成的供应链金融资金池为众农联企业提供订单融资、应收账款融资、代收代拍融资等多种融资模式。

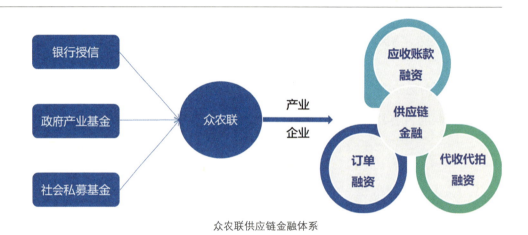

众农联供应链金融体系

2.4 集中优质供应商扩销量

众农联采取垂直整合模式，根据各地的实际情况建立不同的品类平台，依托粮食、畜牧、水果、蔬菜、水产、林下经济和食品加工等各地优势产业，打造众粮联、众牧联、众果联、众蔬联、众渔联、众林联、众食联等垂直细分领域的"阿里巴巴"。

以粮食为例，2018年黑龙江省粮食产量为7 507万吨，占全国总产量的11.4%。黑龙江众农联公司专门成立粮食品类平台——众粮联，由谷黄金集团带头，近百家农业龙头企业如鸿展集团、金三江粮油集团、北大仓粮油集团、佳木斯粮油、建三江粮油工贸集团、哈尔滨第一副食等联合发起成立。2018年7月5日，众粮联发起对接会；7月26日，众粮联正式上线；9月11日，众粮联首期企业合伙人完成签约；9月22日，众粮联移动端平台正式上线；12月23日，众粮联注册企业数突破500家；12月25日，众粮联累计成交金额破60亿元人民币，完成交易230万吨。截至2019年4月2日，黑龙江众粮联累计成交金额85亿元人民币，入驻企业637家，累计成交320万吨。2019年5月4日，黑龙江众粮联团队被共青团双鸭山市委授予"青年五四奖章"。

3. 平台运营

3.1 平台顶层设计

根据农业产业特点，众农联设计了总部、源头基地、城市营销总部三个模块。众农联总部提供模式输出、资源整合、金融服务、技术支撑、渠道拓展、生态打造等服务，为源头基地和城市营销总部赋能。

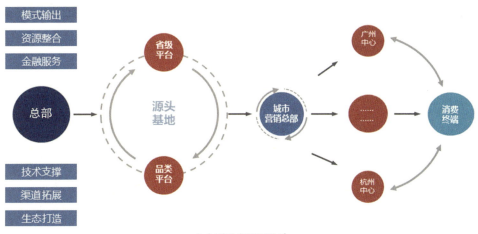

众农联平台顶层设计

3.2 源头基地体系

众农联通过技术、法律、市场等多重方式，解决产品的"鉴真溯源"难题。众农联与中国二维码注册认证中心建立合作关系，以信息技术手段进行溯源；与各地政府合作，由政府确保其地理标志产品（名特优产品）的品牌信誉；与 SGS、PONY、中国农产品批发市场等机构合作，建立产品标准及准入制度，从源头上解决农产品质量安全问题。

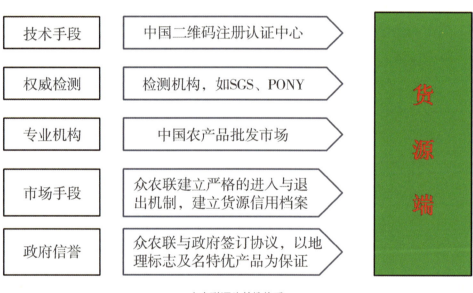

众农联源头基地体系

3.3 城市营销总部体系

众农联各城市营销总部直接服务于各地区"菜篮子、米袋子"工程，打造全新的特色农产品"B2B+O2O+新零售"营销新模式，同时通过农业大数据，利用农业乡村旅游、特色农产品展示展销新场景，在众农联渠道整合和综合服务下，实现特色农产品品牌化经营和名特优产品品牌塑造。

众农联城市营销总部体系

4. 未来展望

4.1 战略布局和推广

众农联计划建立 6～8 个省级平台，初步形成全国联动、产业互补、平台协同、供销一体的战略格局。品类平台方面，黑龙江众农联公司首个细分平台——众粮联已经取得了政府和企业的极大关注。众农联在未来将以众粮联项目为模板，陆续启动"众牧联""众食联""众林联"等品类发起工作，储备 3～4 个平台。

4.2 深化技术及经营架构

众农联技术和经营架构具有可复制、见效快的特点，这里以黑龙江众粮联为例进行说明。众粮联已经搭建了技术平台、供应链体系、营销推广、金融服务等架构，未来将继续深化这一架构和布局，实现经营获利。

技术平台：完善现有交易平台流程与体验；完成粮食地图建设，推进粮食仓储、贸易、加工企业等基础大数据统计；在销区布局 B2B2C 模块；

供应链体系：覆盖全国主要粮食产区，加强对物流以及节点仓的整合；铺设地网，即建设交割库（粮食银行）及众粮仓。每个县建立一个交割库，做粮食质押，同时在县市建立众粮仓，即 1+N。

营销推广：全面启动华东、华南、华中营销体系布局，在各地成立众粮联贸易公司，打通产销体系；同时在港口销售区建立合作库，整合资源，线上销售同时线下仓储。

金融服务：完善支付结算体系和供应链金融服务体系。开展资产质押业务，做资金嫁接、金融支撑服务，在获取服务费的同时，促进当地税收，同时给融资企业提供 GMV；发展融资租赁业务，保证持续盈利；发展粮食质押业务，提供烘干、保管、仓储、物流等服务，收取仓储或保管费。线上销售额达到一定体量之后，众农联将会陆续启动期货套利、农业大数据、产品标准制定等一系列衍生服务。

编委会点评

1. 社会效益

众农联模式提高了农业产业创新力、竞争力和全要素生产率，对于促进农业转型升级、产业融合发展具有重要意义。众农联构建农业供应链集成与融合平台，延长和重构了农业供应链，重塑了农业产业生态体系；推动产、供、销、运、融、品牌以及溯源"七位一体"，有效降低库存、运输、供应、采购等环节成本，解决生产难、溯源难、销售难、运输难、融资难的问题；同时提升行业话语权，提高农产品品质和流通效率，增强抗风险能力，助力农业发展驶入提质升级的快车道。

2. 创新价值

供给侧结构性改革的核心是更好地发挥市场在资源配置中的决定性作用。众农联推动了农业供给侧结构性改革，联合行业龙头企业，股权凝聚，把企业家变成企业家创客，采用利益机制清晰的股份制、共享式设计，当地政府、龙头企业和众农联各方责任清晰、目标清晰、路径清晰、收益清晰；项目实施可预见、可预算、可控制，具有可复制、可推广和目标快速达成等特点，能快速实现政策对接、产业连接、企业升级、发展转型，做到了产业链相加、价值链相乘、供应链相通"三链重构"。

中信梧桐港：
大宗商品供应链产融生态圈

摘要：在工业经济时代向数字经济时代转变的大环境下，中信集团旗下中信梧桐港供应链管理有限公司（以下简称"中信梧桐港"）作为大宗商品数字供应链基础设施建设、运营商，通过构建大宗商品供应链产融生态圈，借助数字供应链管理服务平台，一方面为资金端提供风险可控、流动性强的动产资产包；另一方面为资产端提供供应链管理咨询服务，围绕平台上沉淀积累的产业大数据，真正有效地打通资金端和资产端。

关键词：数字化供应链创新　产融生态圈　产业服务

1. 创新描述

在业务中，融资主体所处行业的产业链中游，其上下游均较为强势，不具备为企业提供应收账款确权服务的义务和意愿。对于企业而言，在获得下游较大订单后，由于企业规模、资金实力有限，无法满足下游的供货需求，在一定程度上阻碍了企业的发展。

中信梧桐港通过合理应用区块链、物联网等科技手段，对业务全流程中的相关票据、采购、运输、生产、销售等过程状态实现了有效监管，并配合资金方建立货物的处置体系，从而大大降低了业务风险，有效地实现了资金端和资产端的链接。

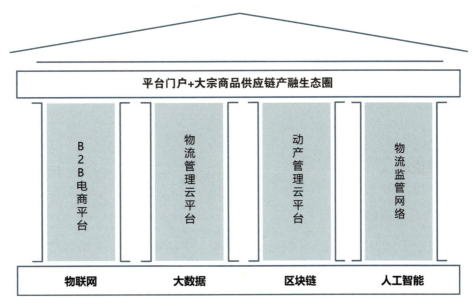

中信梧桐港数字供应链管理服务平台

1.1 全流程风控

中信梧桐港在业务过程中对融资主体的采购执行、生产监督、物流运输、单据交付等供应链流程进行管理和监控，对应收账款回款资金账户进行管理，对原材料及成品等动产进行现场监管，控制供应链流程风险。

1.2 物联网技术应用

中信梧桐港通过现有成熟的物联网技术，对生产及运输过程进行实时有效的监管，包括企业生产过程中的原材料投入数量、产成品数量、机器运行、机器检修等以及运输过程中的司机信息、车牌信息、运输轨迹、停车时间等。

1.3 区块链应用

在业务流程中，票据的真实性以及票据的真实流转为关键环节。中信梧桐港通过对接税务局验证发票真伪、颁发 CA 证书、电子签章签订合同，进而确认合同、应收账款真实性；同时将以上单据上传区块链存证，并在区块链联盟中引入核心企业、金融机构、司法机构、质检机构、物流机构、仓储机构等，保证票据流转真实、公开，帮助金融机构取得真实有效的票据，提高审批效率，创造价值。

2. 背景说明

2.1 政策背景

2018年11月，中国人民银行党委书记、中国银保监会主席郭树清明确表示，初步考虑对民营企业的贷款要实现"一二五"的目标，即在新增的公司类贷款中，大型银行对民营企业的贷款不低于1/3，中小型银行则不低于2/3，争取3年以后，银行业对民营企业的贷款占新增公司类贷款的比例不低于50%。

2018年12月24日，国务院总理李克强主持召开国务院常务会议并指出，加大对民营经济和中小企业支持，打造公平便捷营商环境，更大力度减税降费，改进融资服务，依法保护民营企业家人身财产安全，取消企业银行账户开户许可，提高知识产权审查效率，提高监管效能。

从近期的相关政策陆续出台，可明显看出我国将会持续出台相关举措，加大对民营经济和中小企业的支持。

2.2 需求分析

2.2.1 企业需求分析

数据显示，民营企业不良贷款率较高，与"贷款难、贷款贵"有直接关系，两者之间存在一定的互为因果关系。也就是说，民营企业征信体系不完善导致贷款难，而难以获得金融支持又进一步加剧经营困难，进而又恶化自身的信贷环境。

具体来看，中小企业很难从银行获得贷款支持，原因往往是不能通过银行内部较高的评价体系或没有符合要求的抵押物。同时，对于企业的应收账款，由于下游企业往往不愿意确权，使得企业无法将应收账款作为有效的质押物，从而通过转让债权给金融机构的形式，获得金融机构的融资款项。

2.2.2 金融机构需求分析

虽然政策层面一再强调要加强对中小企业的金融支持，但多数金融机构从风险角度考虑，往往存在较多顾虑。

相比较而言，民营企业的不良率比国有企业更高，民营企业的破产数量远多于国有企业，主要是因为民营企业在不良率较高的充分竞争行业和中小企业中占比较高。民营企业特别是小微企业自身经营的不稳定、缺乏抵押品，以及少数经营者缺乏诚信，导致金融机构不愿意授信。

另外，金融机构对于行业的不了解、缺乏行业资源、无法建立快速的处置通道等因素也在一定程度上导致金融机构迟迟不敢加大对民营企业金融支持的力度。

3. 项目操盘节奏

与业务相关的 B2B 电商、物流、供应链金融涉及多个行业及企业，中信梧桐港通过搭建社会化、开放式的产融生态圈，形成资源共享、优势互补、业务协同的产业服务平台。

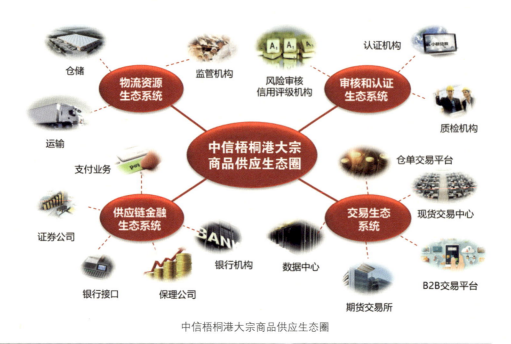

中信梧桐港大宗商品供应生态圈

3.1 对于应收账款的控制

信托机构与融资方签订《应收账款质押协议》和《应收账款登记协议》，一旦应收账款形成（交付货物），即在中国人民银行登记系统进行登记。对该账户回款直接进行监管，项目回款后即偿还信托机构贷款。

3.2 对资金账户和资金使用的控制

信托机构、融资方及银行签订《资金监管协议》，以企业名义设立新回款账户，作为监管账户，预留信托机构主办团队负责人人名章。信托机构对企业回款账户享有查询权（授权中信梧桐港操作和汇报，中信梧桐港根据《联合管理协议》的要求，操作该账户），贷款资金用于定向支付融资方的原材料采购。中信梧桐港在此过程中收集、验证融资方的采购合同等材料，帮助资金按要求使用。

3.3 对企业经营、动产和物流运输的控制

中信梧桐港对企业生产情况布控物联网设备，对企业生产线、原材料库区等重点部位进行视频布控，监督企业开工运转情况。

在原料入库过程中，将实物与合同进行匹配，保证资方的授信贷款用于购买生产原料；核对原料到货数量、品质与采购合同；收货区加装摄像头，做好数据存档。

在厂区内部生产线、出入口等关键节点加装监控设备，保证物资转移等流程可视化，具体位置包括：生产车间加工生产线、生产车间的产成品下架处、产成品堆场。在货物堆场加装监控设备，需要判断产成品下线后即被放入货物堆场，没有被转移到监控范围以外，确保产成品入库数量、品质与订单合同一致。

中信梧桐港要求物流公司在发货前反馈司机信息、车辆信息、配送货物与地点。司机在货物送到指定收货点后，完成卸车操作，并将接收单据交由接收方签字与反馈。然后，司机要使用手机对货物本身与背景进行录像，保证周边环境可以清晰收录。最后，司机要将签字反馈的单据、便携设备、视频返还中信梧桐港进行备份。

3.4 原材料及产成品的监控与处置

中信梧桐港指派人员对融资方进行现场管理，现场人员负责监管实物（原材料和产成品），并核对实物实际情况与生产计划和相应单据信息，保障原材料交货入库阶段、半成品制造阶段、产成品发货与签收阶段的单据与实物一致性；同时对企业的生产流程预警，及时上报现场情况，包括但不限于人员变动、现场生产、货物运输周转等情况。

3.5 企业经营和交付过程中的单据材料控制

如融资方是生产企业，在经营过程中会产生众多单据材料，如中标合同、采购合同、入库单、质检单、生产计划、发货单、验交单、进项发票、销项发票等单据。为了监督企业运营状态，保证应收账款真实性，中信梧桐港将对企业的相关重要单据进行验证和保管。

验证融资方发票。中信梧桐港定期收集企业的进项和销项发票，并就融资方合同与发票进行比对，通过相关系统定期对发票进行验证，保证发票真实有效。

保管融资方的《销售发货单》《物资验交表》等原件。前述为应收账款形成的重要凭证，中信梧桐港负责对原件进行保管，在出现违约时可通过前述证据材料要求实际付款方进行付款。

及时将融资方签署的采购合同、工程合同及生产过程中产生的生产计划、原材料采购单、原材料收货单、产成品入库单、产成品质检单等单据上传到中信梧桐港系统中，对融资方供应链全流程单据进行管理和验证，监督应收账款生成过程中的真实有效。

4. 市场应用及未来方向

4.1 市场应用

现阶段该供应链产融生态圈处于试运行过程中，目前方案已经获得金融机构和客户的一致认可。待其经过多方磨合及优化后，将逐步面向市场推广。

4.2 未来方向

从国家统计局的公开数据来看，截至 2018 年 7 月，全国工业类企业应收账款余额为 13.93 万亿元，同比增长 11.5%。2017 年年底，全国工业类企业应收账款余额达 13.48 万亿元，比 2016 年年底同比增长 8.5%。从近年来全国工业类企业应收账款余额来看，每年的期末余额都呈递增的趋势。

从已经公布的 2018 年全国规模以上工业类企业主要行业的应收账款余额来看，电力、热力生产和供应业等产业的应收账款同比增长速度最快，达 24.4%；其次是汽车制造业，增长幅度达 22.7%，同时计算机和通信行业、非金属矿物制品业、化学原料和化学制品制造业、医药制造业的增长幅度均在 10% 以上。

中信梧桐港未来将进一步完善现有应收账款融资业务的方案，并重点围绕计算机和通信行业、电气机械和器械制造业、汽车制造业等应收账款余额同比增长率较高的行业推广及复制该业务模式。

中信梧桐港将为相关行业供应链上长期处于弱势地位的中游生产加工环节的企业客户提供以数字供应链平台为基础、以科技手段为抓手、以降本增效为目的的供应链应收账款融资服务，真正形成资金端和资产端的良性连接。

编委会点评

1. 社会效益

供应链金融的前提是供应链管理的数字化、数据化、智能化。数字供应链管理平台，实质上是针对供应链内上下游企业，尤其是小微企业的综合赋能。从 IT 赋能到数字化运营赋能，再到金融赋能，全面提升小微企业的生存能力，打通全产业数字化的层层樊篱、阻隔，让整个产、销、运、管、融体系智能化流转。

2. 创新价值

中信梧桐港供应链管理项目的创新价值体现在对人工智能、大数据、区块链、物联网的全方位应用和数字供应链管理服务平台的建设上。中信梧桐港用区块链技术实现财务票据的智能化管理，用物联网技术实现生产和运输环节的实时调控，用大数据技术管理企业信息、商品信息、项目信息、价格信息，用人工智能技术监控风险、辅助征信、保障数字化平台的顺利运营。智能科学技术的应用，是这类供应链平台兴起的原因，也是其成败的关键。

3. 应用场景

数字化供应链管理服务平台的应用场景极其广阔，中信梧桐港作为中信产业集团的成员企业，有着雄厚的资金实力和产业资源优势。供应链就像是国民经济的任督二脉，从一个一个细分行业入手，从一个一个产业集团体系入手，打通产业的任督二脉，最终可以实现生产力的全面提升，拥抱数字经济和产业智能化时代的到来。

彩虹无线：
建设前装车联网数据生态圈

摘要： 2019 年是中国汽车市场转型升级的关键一年，在结束了两位数的发展速度之后，汽车市场开始步入微增长甚至负增长的阶段。与此同时，在电动化、联网化、智能化、共享化等技术的推动下，汽车产业本身也在经历由技术推动的组织变革，车联网数据凭借其贯穿整个汽车产业链条的独特优势，成为推动这场变革的核心力量。

彩虹无线（北京）新技术有限公司（以下简称"彩虹无线"）专注于前装车联网的大数据价值创造，通过整合前装车厂及第三方数据提供商的数据资源，运用大数据分析和挖掘建模等手段，向主机厂、保险公司及第三方机构提供创新型产品及个性化解决方案。

关键词： 车联网　数据智能　保险科技　精算模型

1. 创新描述

当前，汽车行业整体的创新意愿较为强烈，彩虹无线定位为基于前装车联网大数据的服务运营商，上游对接主机厂，下游对接第三方服务商，包括保险公司、金融机构、二手车商等，起到枢纽和桥梁作用。

彩虹无线通过对主机厂的数据进行分析、处理、使用，一方面把与车相关的产品与服务进行数据赋能，基于数据做产品、渠道和服务的创新，另一方面将创新的产品服务提供给主机厂、第三方服务商和用户。汽车产业作为传统制造业，相对于移动互联网的发展速度而言，其转型速度较慢。同时，企业规模、资金实力和复合型人才等条件限制在一定程度上也拖慢了汽车产业的发展节奏。

彩虹无线通过对前装车联网数据的分析、管理，挖掘汽车产业全生命周期的相关应用场景。作为行业中的创新先驱，彩虹无线一方面通过数据赋能主机厂管理体系，提供研发、生产、销售及售后等环节的决策支持，另一方面帮助车主安全行车、经济用车、乐享汽车生活，从而实现车联网对于相关行业的模式创新及新价值创造，打造多方共赢的商业生态模式。

2. 背景说明

2.1 背景

当前全球车联网产业进入快速发展阶段，全球车联网服务需求逐渐加大。目前中国、俄罗斯、西欧和北美等国家和地区70%以上的新组装车辆都已配备互联网接口，同时，中国所有新能源车都是联网车辆，并需要根据GB-T32960标准进行数据采集、上传。2018年车联网在中国新上市车型中渗透率已达到31.1%，较2017年的19.1%有大幅增长。当前全球联网车数量约为9 000万辆，预计到2020年将增至3亿辆左右，到2025年则将突破10亿辆。［数据来源于《中国智能网联汽车用户行为与需求洞察报告》《车联网产业发展报告（2019）》。］从车载信息服务平台应用规模来看，目前已形成数百家规模厂商，典型厂商安吉星的全球用户已突破700万人。2017年中国车联网用户规模达到1 780万人，已成为全球最重要车联网市场。未来，与大数据、云计算等技术的创新融合将加快车联网市场渗透。［数据来源于《中国智能网联汽车用户行为与需求洞察报告》《车联网产业发展报告（2019）》。］

2018年1月，国家发改委发布《智能汽车创新发展战略（征求意见稿）》，从技术、产业、应用、竞争等层面详细阐述了发展智能汽车对我国具有的重要战略意义，对于整个产业的发展起到引领的作用。2018年6月，工业和信息化部组织编制并联合国家标准化管理委员会印发了《国家车联网产业标准体系建设指南》，包含总体要求、信息通信、电子产品与服务等一系列内容。从近几年相关政策的陆续出台和联网车数量的增长可明显看出，汽车产业智能化、网联化转型发展的政策导向以及行业态势和企业决心。

2.2 需求分析

2.2.1 主机厂需求分析

主机厂希望由传统的汽车生产商转型为移动出行服务公司。当车联网得以发展后，主机厂不只可以提供更多线上的娱乐化产品、服务，还可以通过车联网数据获取用户及车辆所有的相关信息。基于车的数据，主机厂可以考虑对车辆更新换代，提升车辆质量从而给用户更优质的产品和保障。基于人的数据，主机厂可以更精准地了解用户的需求、痛点，甚至了解用户潜意识中更想要的是什么。

产业互联网时代，主机厂更希望做服务型企业＋制造型企业，所以一方面需要基于数据和联网赋能智能制造，另一方面则需要从服务的角度思考如何进行产品、渠道和服务的创新。而这两方面已经覆盖了汽车产业研发、设计、生产、销售、售后等全生命周期中的各个环节。

各家主机厂的规划可能各有不同，但彩虹无线与主机厂合作的模式，就是从咨询规划和平台建设入手，再通过定制化的产品服务助力传统主机厂实现数字化转型。彩虹无线同时还具有商业化运营能力，期望与主机厂伙伴在后期持续运营，并创造商业价值。

2.2.2 保险公司需求分析

车联网数据保险应用的核心在于计算，根据驾驶行为数据、车辆状态数据、环境数据等动静态数据，精准测算风险成本，并创新产品。车联网保险平台可以方便连接保险公司、车主、经销商、主机厂等，能够提供贯穿用户整个用车生命周期的保险解决方案。车联网保险平台向以客户为中心转型发展而推出的各项服务，通过以车联网为基础的各种新型车险产品来实现，以满足不同车主的保险需求。车联网保险平台还能为用户提供道路救援、汽车驾驶监控、提醒用户注意不安全驾驶行为、防范风险等增值服务，为用户带来独特、新鲜的体验，给保险公司创造新的价值来源。而保险公司可以依据平台数据和保险理赔数据更有效地辨别用户的风险，再根据风险评级打造创新车险产品，降低用户获取成本以及赔付率。

车联网保险能够让保险公司掌握车主的驾驶行为数据，不再依赖车主的年龄、驾龄、性别等不准确的因素来评估风险，大幅提升客户风险识别能力；通过车载信息终端，能够获悉事故车辆的方向、速度和事故发生位置等信息，从而预防伪造事故的骗保行为。

由于车联网保险产品通过费率手段鼓励安全驾驶，让优质车主获得更低的费率，能够吸引出险率低的优质车主直接向保险公司投保（不再经过中介代理或 4S 店），从而改善承保质量，降低风险成本并进一步降低保费，这种良性循环可以深度绑定保险公司与车主的关系，有利于保险公司更好地进行客户关系管理来增强客户黏性，并通过掌握的客户数据按客户需求开发车险产品。车联网保险的保费与出险率紧密挂钩，提升了客户约束自身驾驶行为的积极性，这会使得保险公司拥有更多的优质投保人，而优质投保人的大幅增加直接降低了车险理赔支出，提升了利润水平。

2.2.3 车主用户需求分析

随着移动互联网的发展，中国消费者对于情感化、便捷化以及一体化有了更高的需求，现阶段产业互联网普遍落后于移动互联网，尤其汽车产业由于研发周期长、验证要求高、安全优先级高等原因，更是与用户的期望要求有较大差距。近年来老牌车企如奔驰、宝马、奥迪、福特、大众、上汽、长安、广汽、东风等纷纷在智能网联领域发力，造车新势力更是大多以互联网思维进行产品和服务体系的部署，使用户真正感受到汽车不仅仅是一个交通工具，更是基于移动出行场景的智能终端。

目前用户主要的需求多集中在便捷化和创新产品两方面，大体来说，一方面体现在人对车的控制，如语音识别、辅助驾驶等；另一方面是围绕出行场景提供的一系列相关服务，比如智能停车、预约保养、代办年检违章、场景保险、周边消费推送等。

3. 产品体系架构

彩虹无线通过整合前装车厂及第三方数据提供商的数据资源，通过大数据分析和挖掘建模，以行业领先的中台管理体系进行标签体系、评价体系的构建，进而结合汽车产业需求点，对应用场景进行挖掘，最终向主机厂、保险公司及第三方机构提供创新型产品及个性化服务。彩虹无线主要有两条业务线：面对主机厂的数据智能服务；面对保险公司和车主的保险科技业务。

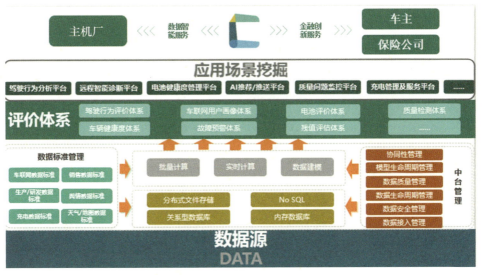

彩虹无线产品体系架构

3.1 数据智能服务

彩虹无线为主机厂提供专业的咨询规划和项目实施服务，并通过深入挖掘数据对主机厂车辆的研发、销售、售后等各环节的价值，为管理决策提供支持。

试验车管理 + 车辆故障监控与预警

3.1.1 研发领域价值路径

彩虹无线试验车管理平台通过定制数据采集设备，高频（10 ms 频率）采集 2 000 个数据项，建立大数据验证模型，并实现云计算、批量处理和实时调用。一方面优化传统流程中的插拔 SD 卡、人工解读等烦琐路程，加速车辆研发；另一方面实现云计算和实时处理，供相关部门定向调用结果性内容，提高车辆标定和 DTC 编码的合理性。

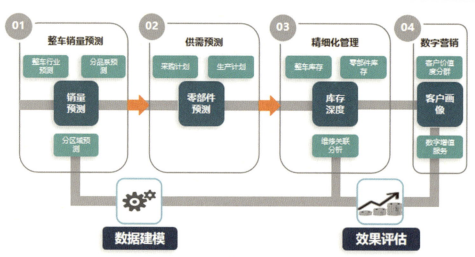

数字化营销 + 精细化管理

3.1.2 销售领域价值路径

彩虹无线利用第三方数据和车联网数据，针对各细分市场、各区域车辆使用信息、位置信息、用户驾驶习惯信息等数据，通过多维度交叉分析及数据建模分析技术，绘制精准的用户画像。彩虹无线基于行业数据的深度分析可以对整个行业的销量进行预测，通过对各竞品车销量的分析和本品系车潜客价值的挖掘，可以对本品系车辆进行销量预测；基于销量预测可以指导 OEM 进行生产计划安排和零部件的采购计划，使经销商合理优化库存，既能满足销量需求也能减少库存压力；基于后期车辆上市后保有客户的画像可以准确识别用户特征，以此拓展用户群，进行精准营销，进一步地提升销量，同时也能对潜客挖掘分析模型进行验证和继续学习，进一步提升销量预测的精度，形成整个销售环节的业务闭环，提升销量、优化供应链。

3.1.3 售后领域价值路径

彩虹无线远程智能诊断体系可以远程进行全局车辆分布监控、故障统计和分析、云诊断等。首先，构建车辆监控预警平台，定义报警规则，进行故障统计、监控、分析和新故障识别，通过大数据手段挖掘故障与故障、故障与相关信号的关联性，通过云诊断的方式远程刷新 ECU、清除误报故障码以及故障校对，进一步丰富故障数据源，提升故障排查力度，最终形成整车故障知识图谱。

3.2 保险科技业务

彩虹无线以对车联网数据的分析处理为基础，将保险业务和金融服务从渠道、产品形态、服务体验三个维度进行重构式创新，提供一揽子出行保障服务解决方案。

4. 市场应用

现阶段，彩虹无线的大部分产品已实现落地上线，部分已实现二期、三期合作；目前方案已经获得主机厂和行业客户的一致认可；同时，产品架构还在不断优化完善，将以部分拳头产品+汽车产业全生命周期部署的规划进行推进。

4.1 案例一：某主机厂远程智能诊断平台

彩虹无线的合作者某主机厂为国内新势力汽车品牌，定位于物联网汽车创领者，致力于利用大数据的分析与应用，赋能企业全价值链体系，构建具有自主智能网联特色的开放的数据生态系统，为业务发展提供持续的数据驱动力，并不断引入不同领域的优质合作伙伴，实现资源、能力共建共享，合作共赢。

主机厂远程智能诊断平台旨在构建一套完整的云端化的覆盖研发、质量、售后等部门的车辆健康评估体系，提高业务部门的数据分析能力及效率。以故障数据为核心关注点，彩虹无线帮助该主机厂构建了一套基于故障的数据统计、监测的故障图谱，实现数据的集中管理、统一应用，为数据分析部门提供集中化数据存储及分析的工具，并且支持故障分析指标的知识化沉淀，使其能够在未来新车型上复用已积累的分析指标和数据模型。

该远程智能诊断平台实现了对车辆状态以及故障的监控、分析、预警以及其他延伸功能，从而为车辆的使用情况、高风险预判、故障统计以及售后处理提供了一个灵活、友好、高效的使用界面，并在此基础上，以各业务领域的维修数据、第三方维修数据、爬虫维修数据等不同渠道、不同结构的海量数据为支撑，建设并逐步完善故障分析管控的知识架构体系，逐步实现并提高对故障主动诊断和高风险点的预判预警能力。

该主机厂远程智能诊断平台的功能需求清单如下。

全局监控：实现全局的故障监控，能够实时或在选定的历史周期内体现从地域、车型、用途、驾驶模式、核心零部件类型、故障类型等跟故障相关的变量的筛选。

故障统计：实现故障的统计信息，如选定区域的故障发生数量统计、故障类型统计、故障类型排名等。

故障诊断以及数据支持：提供数据支持远程故障诊断，提供历史数据查询以及下载功能。

4.2 案例二：某国内主机试验车辆数据远程监控及分析平台

该平台主要用于对道路试验车辆的数字化、信息化及智能化管理，实现试验车辆远程监控、试验数据实时采集、存储管理及数据分析等功能。

由于目前技术中心试验样车数据零散、反馈不及时、可用性差，无法满足专业分析需求。为此，需要实时采集、管理试验车数据，并对数据进行大量统计、自动化分析，以解决车辆实际研发过程中故障定义及故障回溯的周

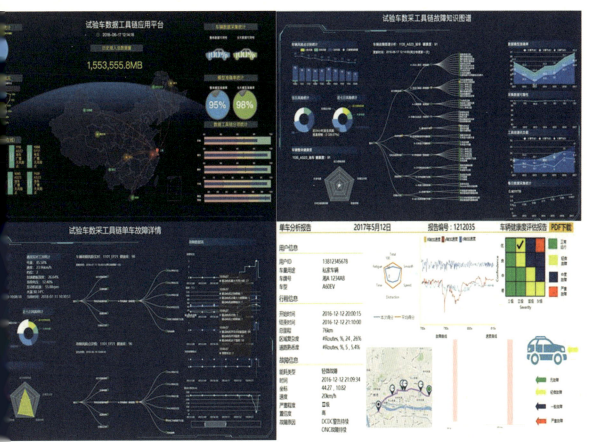

分析平台演示

期偏长等问题。某国内主机试验车辆数据远程监控及分析平台通过建立工程车试验数据的自动化分析机制，将工程师经验与大数据挖掘相结合，建立一系列成熟的数据分析挖掘模型。

相应的成熟分析模型，实现的功能不少于：工程车故障分布及相应工况关联性分析，车辆各部件温度、工作时间、系统效率与工况关联分析，纯电动车充电实况统计，纯电动车续航实况统计，12V蓄电池系统状态监控等。这些功能可以帮助试验工程师快速进行试验数据自动化分析以及故障判断、故障重塑、故障相关性分析。

该平台具有以下系统功能：

利用现有整车网联平台为基础，实现对新项目开发工程车辆及产品车辆实际使用过程中的数据化监控，包括工程车辆位置、状态、工况的实时监测。

重大TIR（开发试验问题报告）的自动问题上报及问题回溯。

提供网联数据为基础的故障分析功能。

提供故障及事件的自定义功能，用于故障及事件触发后的自动化提醒。

编委会点评

1. 社会效益

汽车行业正进入智能互联、自动驾驶的全新时代，有研究称，预计20年后，所有人工驾驶的汽车均将为无人驾驶汽车取代。大数据、车联网的应用，正极速改造着整个行业生态。在这个激动人心的大领域里，既有老牌车企的推陈出新，又有特斯拉、蔚来这样的新锐造车势力，但更少不了彩虹无线这样以智能技术立命、为行业的智能化改造赋能、加速前行的第三方服务商，其将跨领域的知识和成熟产品嫁接并整合进汽车这个传统产业。

2. 创新价值

彩虹无线不仅解决主机厂的智能化升级问题，还从消费者的层面与保险公司合作，发掘汽车大数据的价值，让数据指导车联网生活，从而让技术加上了互联网运营的色彩，在商业模式上独辟蹊径，解决了保险公司和消费者的实际需求，创造出新的价值。

慧科集团：
产教融合推动战略性产业人才培养

摘要： 慧科教育科技集团有限公司（以下简称"慧科集团"）成立于2010年8月，专注于通过产教合作进行战略性新兴产业的人才培养。通过与贵州大学共建贵州大学省级示范性软件学院，慧科集团将产业的理念、技术、资源在遵从高等教育的规律和体系要求的基础上，整合到高校的课程、实训以及教师发展中；同时将高校培养的学生、科研成果以及"双创"成果带给产业，满足其对人才和创新的需求，将产教协作理念渗透在以学生为中心和以产出为导向的人才培养全过程中，满足区域经济发展对人才和创新的需求。

关键词： 产教融合　学院共建　模式创新　跨界融合

1. 背景说明

经过2002年至2012年十年的恢复、调整和发展，互联网步入了高速发展的阶段。自2012年以来，以云计算、大数据、人工智能为代表的新技术推动信息产业迅猛发展，IT领域的人才缺口逐渐显现。有别于传统行业，IT行业对人才的需求不仅仅体现在数量上，更体现在对人才交叉复合能力和实践能力的要求上。

基于国家和行业发展的大背景，贵州省以《国务院关于进一步促进贵州经济社会又好又快发展的若干意见》（国发〔2012〕2号）为契机，于2012

年召开全省促进信息产业发展大会，于2014年开启大数据发展战略，信息领域的一系列政策和战略不仅为贵州大学推动产教融合创造了良好的政策环境，也为产教融合的深入发展提供了强有力支持。

为改善现阶段人才供需的不平衡现状，慧科集团提出了产教融合2.0模式，调整与转变校企合作思路，打破校企合作壁垒，拓展多边协作，通过充分利用精耕产教融合的教育企业在研发、整合、对接以及运营的核心能力，将产业的理念、技术、资源整合到高校的课程、实训以及师资中，同时将高校培养的学生、科研成果以及"双创"成果带给产业，满足其对人才和创新的需求。

贵州大学与慧科集团依据各自优势资源，签订《合作共建"贵州大学示范性软件学院"框架协议》，并联合完成"贵州大学省级示范性软件学院"（以下简称"软件学院"）的相关审批程序，这也是贵州省教育厅批准正式成立的省内首个省级示范性软件学院。软件学院的落成采用循序渐进的建设思路，更好地整合双方的优势资源，落实软件学院的人才培养，保障软件学院的办学效果。

2. 创新描述

2.1 引企入教，成立产业学院

行业发展是人才培养的风向标，如何找到对行业、对人才知识和结构的精准需求是首要任务，这需要大量领军和创新型企业的介入与贡献。慧科集团积极为软件学院引入如阿里巴巴、百度等行业领军企业资源，将行业资源不断注入高校人才培养过程，与贵州大学共建新专业、改造升级老专业，用行业创新升级不断推动高校专业建设。

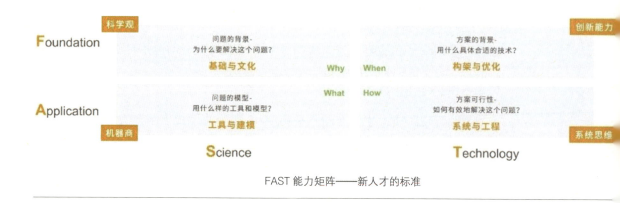

FAST 能力矩阵——新人才的标准

2.2 将前沿技术转化为系统课程

结合贵州省发展大数据产业规划，为产业发展提供人才储备，慧科集团提炼产业发展对人才知识和结构的需求，深度整合行业中的师资、研究方法等资源，将前沿技术迅速转化为系统的培养方案和课程体系，与贵州大学合作开设大数据、移动云计算、互联网营销、交互设计等前沿科技、互联网专业课程，建设全新的、更接近信息产业发展理念的实验室。这不仅有利于激发学生的学习兴趣，也有利于推动软件学院整体的发展。

2.3 校企"双主体"运营管理

校企"双主体"的软件学院采用了非常有特色的教学运营方式，横贯整个人才培养周期。慧科集团专门在软件学院的每个年级配备了拥有丰富经验且认真负责的班主任，与贵州大学形成"辅导员—班主任"协作制，强化学生的沟通、管理和服务。慧科集团为学生设置慧讲坛、举办到企业或者行业大会参观学习等特色活动，接入企业认证以及各种类别的大赛，让学生更好地以证促学、以赛促学，在实习就业阶段提供职业发展指导、多元化就业面授课程，以及学成毕业后目标企业推荐等一整套完善的就业服务体系。

三实教学模式——产教融合的新范式

3. 项目操盘节奏

3.1 项目发展进程

2012年5月,在贵州省委和贵州省教育厅促进下,慧科集团与贵州大学签约共建省级示范性软件学院。2014年9月,软件学院开始招生,招生专业为软件工程专业,第一年招生人数150人,实际报到人数147人。2015年,软件学院专业设置和模式的创新,让学院获得信心,学生也开始了解新专业方向的就业前景和发展,当年的招生人数扩大到250人。2016年,企业实战项目正式进入学生课堂,企业以真实项目引领学生完成项目需求,让学生真正在学校期间就开始接触企业。2017年，实训基地正式建立，第一届软件学院学生开始在江苏省南通市科创城开始为期3个月的实训。2018年，软件学院第一届学生毕业实习，平均月薪在贵州可以达到5 000元人民币，多名学生进入百度、苏宁、TCL、小爱机器人等名企就业。目前，软件学院已经拥有近千名在校本科生。

3.2 将产教融合的理念带入高校，构建与时俱进的核心课程

"大数据、大生态、大扶贫"是贵州省的三大战略，贵州省已经抢得大数据的先机。受制于传统教育模式，现有人才不仅无法满足大数据、物联网、人工智能等新经济相关领域巨大的需求量，其相对单一的能力结构更不符合新经济发展对人才的要求。为全面服务于贵州省经济社会发展，慧科集团将其以产出为导向的OBE（Outcome-Based Education）教育理念以及在前沿科技专业研发方面的经验带入高校，并引入行业领先企业资源，与高校一起研发贵州省产业发展所需的大数据、移动云计算、互联网营销、交互设计等专业方向，将稀缺产业界技术资源转化为符合教育规律和高校教学要求的、科学完善的知识体系，培养支撑贵州省大数据战略的人才；同时推动教育信息化进程，最大程度共享和优化配置产教资源。

3.3 践行产教融合2.0模式，引入实验室训练营

在软件学院学生的培养过程中，为加强其专业技能以满足产业需求，慧科集团为学院引入更多面向新技术产业、面向实训实践和面向创新的环节，让学生们能够直接接触产业前沿的实践项目，增强实践动手能力。慧科集团联合阿里云共建阿里云实验室，为学生提供云计算平台搭建以及云平台应用开发的实践环境、实训案例和实际开发项目，并在教学实施、教学辅导、实习安排等方面为学生提供相应的学习资源。慧科集团携手百度共同创建百度

互联网营销实验室,该实验室配置高性能服务器和200M带宽,提供数亿条实际数据和若干动态模拟案例并定时更新,供学生进行仿真演练和分析。学生们所学到的知识能够直接对接实践,在很大程度上可以破除"毕业即失业"的魔咒。

3.4 阶段性成果

2018年6月,软件学院首届140余名本科生正式毕业,整体就业率超过95%。在就业质量上,整个贵州大学2018届本科毕业生月薪在5 001—6 000元人民币(以下币种同)区间的占比为16.74%,在6 001—8 000元区间的占比为7.66%,在8 001元以上的占比2.58%。而软件学院超过70%的学生起薪在5 000元以上,30%的学生起薪在8 000元以上,10%的学生起薪达到1万元。在就业岗位与专业匹配度上,软件学院超过85%的学生从事了与自身专业相关的工作岗位,90%以上的学生对自己的就业岗位感到满意。通过用人企业调研,企业对于软件学院毕业生在专业能力、学习拓展能力、逻辑思维能力、对环境的适应能力、团队协作能力等方面给予了极高的评价。

4. 未来展望

以新工科、卓越计划为代表的高等教育改革已经进入深水区,机遇难得,挑战艰巨。站在新的历史起点上,探寻突破产教合作瓶颈是每个高等教育人的职责和使命,慧科集团作为产教合作的深度参与者,理应在这关键节点上积极探索、勇于创新。

慧科集团努力通过与多家企业和第三方专业教育机构共同构建以学生为中心的教育供应链,通过供应链打破校企之间的屏障,实现产教合作的深入突破,共同赋能高校与学生,实现新起点上的高等教育供给侧改革目标。

未来，慧科集团希望成为一家全球知名的人才科技公司，涵盖人才培养、人才服务，甚至人才金融的范畴，目的就是用科技互联网的手段，把"人"变成"人才"。

编委会点评

1. 社会效益

产业发展，人才先行。慧科集团与贵州大学提供了一个产教融合的典型示范方案，在区域构建了一个产教融合的教育生态。以生态角度看待和设计产教融合，更能够从全局最大程度共享和优化配置产教资源，发动更多力量进入教育过程，延伸和扩展教育链条，创新教育内容和教学模式，推动高校教育的改革创新。在此过程中所培养出来的学生，在毕业求职中不仅具有较强的竞争力，也能降低企业的机会和时间成本，满足新兴产业发展需求，持续赋能区域经济发展。

2. 创新价值

通过专业共建和产业学院建设作为和高校合作的主场景，通过生态链企业源源不断地为高校和学生提供专业实验室和智慧教室等2B增值服务，以及跨学科学习、实习就业、职前培训等2C增值服务，慧科集团实现了通过产教融合推动人才培养的目的。慧科集团的商业模式就是通过资源聚合、教研开发、平台产品、运营服务，帮助高校与产业同频共振并实现可持续的迭代创新，帮助高校和学生优化存量和激发增量。

贝壳找房：
打造产业互联网"新居住"综合服务平台

摘要： 贝壳找房科技有限公司（以下简称"贝壳找房"）脱胎于链家网，自2008年起，用数据、技术和规则建立了一个十几万人的高效合作网络。如今，贝壳找房将核心能力开放给行业，期望构建一个更大的合作生态，致力于推动行业实现效率和服务品质的正循环，重塑国人的居住消费体验。

贝壳找房定位于技术驱动的品质居住服务平台，通过打造基础设施帮助居住领域从业者，为全国家庭提供二手房、新房、租赁和家装等全方位优质居住服务。目前，贝壳找房已推出楼盘字典、VR看房、房屋估价、线上交易流程可视化等多项业内领先的产品和服务。

关键词： 房源大数据　楼盘字典　VR看房

1. 背景说明

近几年，随着移动互联网的快速发展，吃饭、打车、买鞋、购衣都可以在手机上完成。居住行业，成了衣食住行中最后一个未被高度互联网化、数字化的领域。而传统房产经纪行业中不仅经纪人和消费者之间的信息不透明，经纪人之间的信息也不透明。

贝壳找房认为，通过"物联网＋大数据"的技术推动，传统的房产经纪行业将被取代,未来所有和居住有关的服务都将在一个开放的平台上得到满足,通过搭建行业底层数据,创新线上产品应用,未来线上居住平台将形成涵盖居住服务各个阶段的新生态。

2. 创新描述

贝壳找房定位于技术驱动的品质居住服务平台,以楼盘字典、ACN 经纪人合作网络为基础,帮助居住领域从业者,从而为用户提供涵盖二手房、新房、租赁、装修等领域的优质服务。

贝壳找房 APP 页面

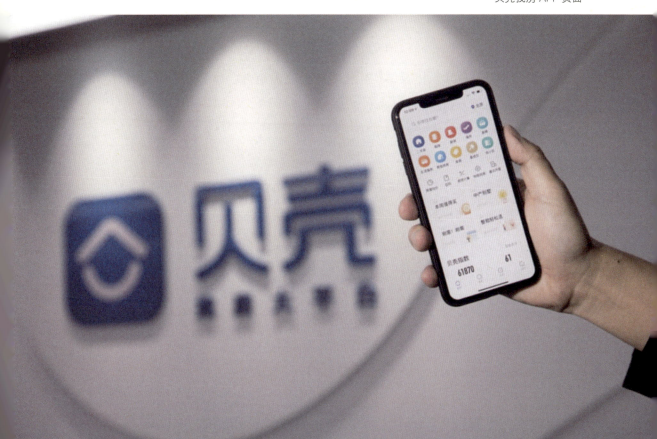

2.1 楼盘字典

楼盘字典是贝壳找房标准化的底层数据库。为彻底解决行业"信息不透明""虚假房源"等问题，贝壳找房推出的"楼盘字典"涵盖房间门牌号、标准户型图、配套设施信息、历史交易价格等多维信息，这些真实、透明的房价信息，不仅帮助用户有效决策，而且实现了信息的无差别共享。贝壳找房的真房源验真系统，可对房源的上架、展示、下架进行全生命周期管理，并且在 7×24 小时实时比对 42 大类房源特征，捕捉房态信息进行辨别，经过智能数据模型测算，对全量房源进行精准打分；针对疑似问题房源，贝壳找房通过 link 及 A+ 系统调度经纪人及时对静态和动态信息进行维护更新，以流程管理确保贝壳找房真房源管理的有效性。

与此同时，贝壳找房在楼盘字典基础上延伸出 VR 看房等系列应用。通过自主研发智能扫描设备及 VR 场景构建算法，贝壳找房实现对新房、二手房、租赁、旅居、海外等房源规模化数据的采集和重建，呈现包含房屋的三维结构、尺度信息、户型、装修、内饰等丰富信息的房源 VR 实景，并创造性地将图像、模型、视频、音频、动效以及结构化信息进行完美组合。目前贝壳找房拥有 VR 看房、VR 讲房、VR 带看三种交互模式。

2.2 ACN 经纪人合作网络

ACN 经纪人合作网络（Agent Cooperate Network），是指在遵守房源信息充分共享等规则的前提下，同品牌或跨品牌经纪人以不同的角色共同参与同一笔交易，成交后按照各个角色的分佣比例进行佣金分成的一种合作模式，是共生经济在居住领域的首个落地模式。

ACN 经纪人合作网络的核心在于把整个服务链条细化，然后根据经纪人在各个环节的贡献率进行分佣，从而使分佣机制趋于均等化。在一单交易中，有"房源录入人""房源维护人""委托备件人""房源钥匙人""房源实勘人""客源转介绍人"和"客源成交人"等角色,合作网络中的经纪人可以通过任一个环节的贡献最终获得收益。

3. 项目操盘节奏

3.1 第一阶段:贝壳找房新平台上线

贝壳找房脱胎于链家网,自从2008年起,链家网便开始投入大量的人力、物力搭建这个不动产基础数据库。2018年4月23日,贝壳找房正式成立,宣布打造技术驱动的品质居住平台,其业务范围包括经纪平台、新房平台、租赁平台、装修平台。

经纪平台依托互联网和大数据,以用户为中心,以真房源为底线,通过ACN经纪人合作网络连接并赋能新经纪品牌和从业者,重塑二手房交易人、房、客的服务业态,为消费者提供品质二手房交易服务。所有入驻贝壳找房的经纪品牌都必须发布真实房源,包括真实存在、真实图片、真实价格、真实在售,目前平台真房源率超过95%。截至2018年11月,贝壳找房已覆盖全国90多个城市,约90个新经纪品牌入驻,连接门店超过1.7万家。

新房平台是贝壳找房的新房业务板块。贝壳新房目前已经覆盖全国超400个城市,在线提供超6万个新房楼盘,以千人内容团队践行新房真房源、真信息,并以VR、AI等全新技术不断优化消费者的购房体验。

租赁平台全面覆盖个人及机构化运营的租赁房源,致力于为用户提供海量、真实、品质的租住选择。截至2018年11月,贝壳租房进入全国32个城市,超过10 000家品牌公寓入驻,累计在线房源量超200万套。

装修平台目前为消费者提供免费设计、一对一服务和靠谱施工，致力于为消费者提供一站式舒适、舒心的家装体验，为装修企业与设计师的营销、科技与管理赋能。

阶段性成果：

贝壳找房凭借楼盘字典所累积的海量真实数据，率先在业内制定了"真实存在、真实在售、真实价格、真实图片"的真房源标准。时至今日，楼盘字典的累计投入已超过10亿元，成为国内数据量最大、覆盖面最广、颗粒度最细的房屋信息数据库，从根本上遏制了"信息不透明""房源不真实"等长期存在的行业弊病。

3.2 第二阶段： 启动"交易直通车"，赋能交易环节提升效率

2018年年底，贝壳找房联手中国银行、工商银行、建设银行、交通银行、招商银行、光大银行、中信银行、恒生银行、兴业银行、杭州银行等10家银行，宣布共同启动"交易直通车"。交易直通车指的是贝壳找房与银行在按揭贷款、资金监管、系统直联等业务上达成一种深度业务合作关系，直接帮助消费者和经纪人实现交易环节的极简化。

以银行系统直联为例，贝壳找房与上述银行将通过深度合作实现贷款办理进度的线上传递与交互，打破两个行业"信息孤岛"状态，大大提升行业效率，改善消费者体验。目前，贝壳找房与工商银行和中信银行的直联，已覆盖超过20个城市的工商银行分行，以及超过10个城市的中信银行分行，实现了贷款进度线上可视化。

交易直通车简化了房产交易中最重要的交易环节，属于贝壳找房创新房产交易的一部分内容。贝壳找房的目标是全流程简化，通过贝壳找房发生房

产交易的消费者、经纪人在签约甚至产生房产交易的意向时,就可以通过贝壳 APP 在线清晰、准确地了解交易流程与办理进度。

阶段性成果:

目前,贝壳找房在全国设立了超过 95 个交易中心。各中心集纳评估、公证、装修等房产居住全流程服务,一站式解决交易所需;实行专人全流程负责制,网签、贷款、缴税、过户、抵押,一岗位对应 5 个角色,每一单都有交易专人负责。

4. 市场应用及展望

未来,贝壳找房通过楼盘字典、VR 看房等产品与技术完成海量的数据采集与计算之后,将人、房、数据等万物相连,进一步改善房产交易效率和用户体验。同时,贝壳找房将基于这些行业底层数据,向整个行业开放 API 接口,召集行业合作伙伴创新资产智能管理、楼宇智能管家、社区增值服务、智能家居与智能装修等各种智能化服务,共同推动"新居住"产业互联网的升级迭代。

编委会点评

1. 社会效益

房地产行业是国计民生的命脉行业,也是最大的线下"入口级"产业。从租房、买房,到房屋贷款、资产管理,再到智能家居、生活服务,房地产领域的产业互联网创新,规模浩大,影响深远。贝壳找房脱胎于链家网的房产中介业务,本身就是房地产领域最大的用户"桥梁"体系,将房东与房客、房主与购房者、购房者与银行、物业与业主、业主与生活服务提供商、业主与家居产品提供商等"万物相连",打破信息不对称,用更加公开、透明、高效、标准化的方式推进"新居住"改革。

2. 创新价值

贝壳找房的创新始于海量、翔实的房地产数据中心的建设。从楼盘字典的房源大数据,到房客、房东数据,再到交易数据、价格数据,贝壳找房通过线下的数据采集触角,构建了一个实时更新的数据中心体系。

在数据中心的基础上,VR看房通过VR技术,让消费者直观、全面、无死角的在线方式,就可以远程了解一套房屋的细节，是一项看似简单，但极大优化行业效率的创新应用。而行业 API 接口的推出，体现了产业互联网的共享思维，可以与各类行业合作伙伴、各类互联网平台做数据对接、打通，从而有机会创造出多种多样的智能化行业应用。

博克科技：
服装云定制的 C2B 智能服务平台

摘要： 本项目由深圳市博克时代科技开发有限公司（以下简称"博克科技"）研发，在原有的博克智能服装 CAD/CAM 系统的基础上，与互联网、3D 以及云计算等技术结合，逐步形成了面向服装行业 C2B 转型的智能数字供应链平台。该平台涵盖 3D 定制下单、生产供应、面料供应、纸样服务等各个板块，能够有效帮助服装企业实现定制化生产，有效降低库存风险，加快资金周转，提升企业竞争力。

博克科技针对服装行业的定制化发展趋势，整合行业上下游资源，创建出面向行业的 C2B 智能数字供应链平台，通过参数化技术，能够根据输入的人体数据实现自动改版，更加符合定制化的服装生产需求，经过十余年发展，目前累计获得两万家企业用户和数万名个人版师用户。

关键词： C2B 平台　产业互联网　智能制造

1. 背景说明

传统的服装产业采用预测式的大批量生产，与日益增长的个性化需求之间存在不可逾越的鸿沟，由此造成的高库存和高退货率严重蚕食服装企业的利润，定制化转型成为行业共识。

服装行业的发展趋势是产品个性化、生产定制化、营销服务化。C2B 定制模式可以为服装企业带来以下价值：有效降低库存风险，提高客户满意度与客户转化率，加快资金周转，提升企业竞争力。

要实现大规模的服装定制，需要解决样版设计成本高、管理成本高以及服务人才缺等难题，而解决这些难题就需要智能化 CAD 系统与互联网、3D 技术以及人工智能等技术的结合，打通前后端数据，实现从人体数据到样版数据的自动转化，而且需要通过智能平台实现更加精准的信息匹配和数据交换，以满足多样化、个性化需求对供应链的柔性需要。

2. 创新描述

2.1 参数化技术方案

博克科技的服装 CAD 系统采用参数化技术方案，可以根据输入的人体数据，利用已有的基础模板快速生成符合客户体型的服装纸样，比基于定数化设计的密集号型方式更加高效精准，不需要事先花大量的时间推放不同号型的服装样版，而且按照客户体型数据生成的样版是真正的一人一版，更加符合客户的体型。

2.2 3D 虚拟技术应用

博克科技基于 3D 技术开发的博克 MTM 服装定制平台能够让客户参与款式设计，通过 3D 虚拟技术让客户更加直观地提前感受所定制服装的效果，获得更好的用户体验。

2.3 前后端数据打通

博克科技通过系统集成，打通了前后端的数据，并且实现了从人体数据

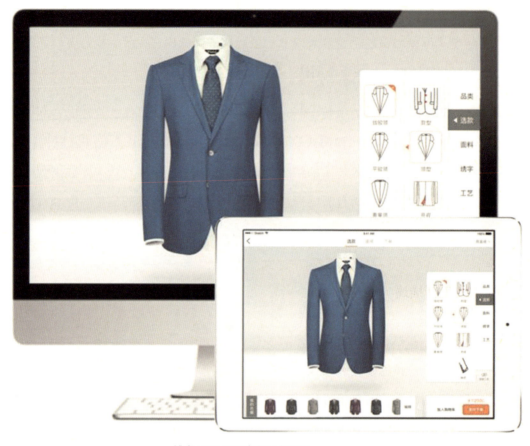

博克 MTM 服装定制平台页面

到样版数据、工艺数据和生产数据的自动转换，能够实现高效率低成本的大规模服装定制。

2.4 智能供应链服务

博克科技通过整合已有企业资源、版师资源，并且引入面料商和服务门店，打通上下游数据，实现快速信息匹配，为行业提供一体化的智能供应链服务，可以大大提高产业效率，实现资源的优化配置，加快行业定制化转型。

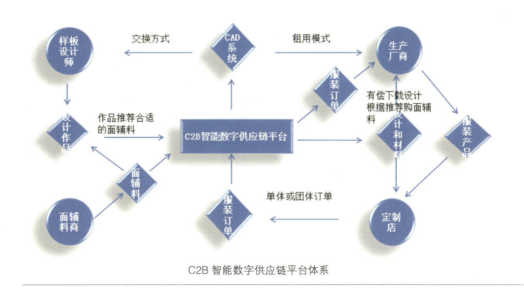

C2B 智能数字供应链平台体系

3. 项目操盘节奏

博克科技在十余年的发展过程中，公司决策始终围绕行业的需求和转变，经过不断探索和尝试，最终形成独具特色的发展道路。

3.1 构建软件基础

服装企业最核心的技术就是服装样版开发，而开发服装样版最核心的工具就是服装 CAD 系统。在博克科技创立初期，当时主流的服装 CAD 系统均采用定数化技术方案。与定数化技术方案相比，参数化技术方案虽然开发难度大，但是对使用者来说，存在诸多好处，最明显的是可以实现自动规格推放和联动样版修改，尤其是在定制化生产方面，只有参数化的 CAD 才能实现真正的一人一版，而且自动高效。

所以博克科技在开发之初就设定了一个符合未来的方向，选择了难度更大的参数化技术方案。参数化技术的核心是图形算法，对开发人员的数学要求非常高。博克科技最终花费两年时间建设起核心工程师团队，为后续发展奠定基础。

3.2 完善软件产品

博克科技在产品的早期采用了快速迭代、小步快跑的开发策略，在试用过程中由用户不断提供改进建议。不同类型的用户对产品的需求不同，博克科技允许用户通过个性化设置，来实现自己独特的需求。当时国外的同类软件的操作都比较烦琐，版师需要频繁地切换工具才能完成一个服装样版的设计。就此博克科技采用了化繁为简的方法，创造性地设计出了智能模式，用户无须选择工具，一支笔就可以完成所有的设计操作，大大简化了设计流程。这些创新对于后来博克科技的普及起到至关重要的作用。

3.3 探索产业互联网平台

博克科技自创立之初就开始涉足互联网平台的建设，自主开发了博克CAD网站，把软件的演示、培训制作成视频放在平台上，让客户自己下载学习。由于平台操作简单、智能化程度高，很快就在行业中产生了一定的影响力，大量的版师通过平台学习，而且在平台论坛中提供了非常多的升级建议。

自云计算兴起后，博克科技敏锐地感受到这是未来的发展方向，于是开始了SaaS服务的探索。CAD系统一般均采用C/S架构，且图形软件的计算量比较大，还做不到服务器运行。博克科技采用了一种折中方法，让客户下载软件到本地，把设计文件发布到平台进行有偿共享。

3.4 形成行业解决方案

发展一段时间后，博克科技联合其他行业系统服务商，通过系统集成，将3D定制下单系统做成一个行业通用系统，最终形成包含零售端和制造端的整体解决方案，开始为服装企业的系统服务赋能。整个系统包含三个部分：

（1）面向零售企业的定制服务、下单及分销系统，提高客户满意度和

第三章 | 博克科技：服装云定制的 C2B 智能服务平台

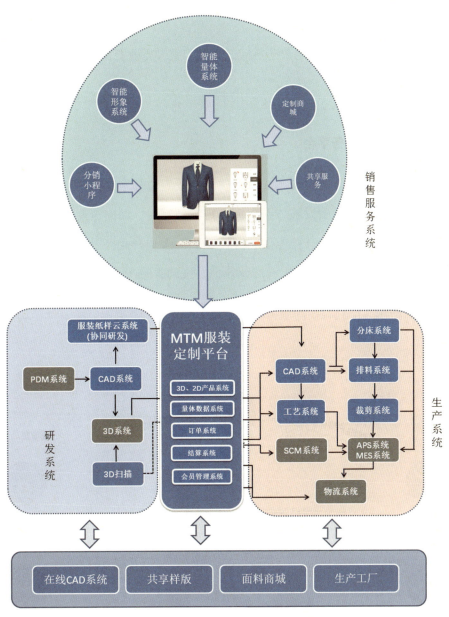

C2B 智能数字供应链平台形成行业解决方案

转化率，降低库存风险，加快资金周转。

（2）面向生产企业的定制化生产系统，实现定制化生产，提高生产效率，提升产品品质和企业利润。

（3）面向行业的智能数字供应链平台，整合行业资源，提升产业效率，推动行业转型。

3.5 构建产业服务平台

随着市场和业务的发展，博克科技的企业定位越来越清晰，那就是为服装行业提供数字化基础设施，围绕新零售与新制造，面向企业提供一体化的技术解决方案，同时整合行业供应链资源，为服装产业提供智能数字供应链平台，优化行业资源配置，提升产业效率，推动服装产业转型升级。

如图所示，博克科技的服务模式主要有三：

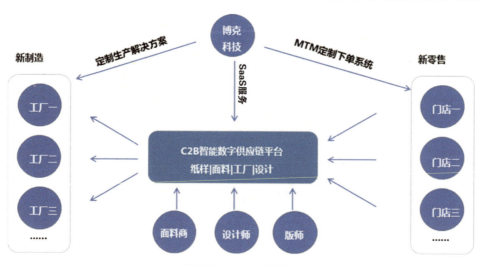

博克科技服务模式示意图

一是为服装制造企业提供定制化解决方案，帮助它们实现智能化设计和柔性化生产，实现高效的定制化生产；

二是面向零售企业提供定制化的新零售解决方案，帮助它们实现定制化销售，提高客户满意度和成交率，降低库存风险，加快资金周转；

三是搭建智能数字供应链平台，链接零售与设计、生产及面料供应等，实现行业资源的优化配置，提升产业效率，推动服装产业转型升级。

数字化解决方案与智能供应链平台的有机结合，可以相互促进，协同发展。博克科技数字化解决方案服务的生产型企业越多，平台上的供应链资源也就越多，而资源越多，就可以更加丰富产品类型，吸引更多的零售企业加入平台，而更多零售企业的加入，反过来又可以吸引更多的生产企业采用博克科技的解决方案，并且加入博克科技所提供的智能数字供应链平台。螺旋式的上升发展，可以让企业实现持续发展，最终形成行业公认的公共服务平台。

4. 未来应用与展望

4.1 产业人才培育计划

博克科技与数十所服装院校合作开展定制人才培养计划，与院校共建课件，共同培养定制服务人才，让培养的人才通过平台自主创业，服务全国各地的定制客户，形成一个大 S + 小 b 的业务模式。

4.2 构建产业智能发展生态

博克科技未来将逐步整合行业资源，改造服装产业的发展模式，形成全新的服装行业生态。如图所示，平台一方面连接包含设计师、面料商、工厂在内的各类产业资源，一方面连接消费者、零售商和物流，消费者可以实现线下体验、线上下单，下单后由工厂、面料商、设计师等共同完成成衣，最后由物流将成衣送给消费者。

移动应用连接需求与服务，旨在打造服装行业的"滴滴"

服装定制云

编委会点评

1. 社会效益

博克科技在服装行业这样的传统产业深入耕耘，将劳动密集型产业转变成数据驱动型、创意驱动型产业，让非产业互联网模式下无法被满足的用户个性化需求得到满足，也帮助了行业里的小微企业走向产业聚集和产业资源共享。

2. 创新价值

博克科技一方面通过新零售解决方案和新制造解决方案为服装行业的大型生产及销售类企业提供定制系统服务，另一方面通过C2B智能数字供应链平台整合行业供应链资源，提升产业效率，推动服装产业转型升级，为行业里的小微企业赋能。博克科技通过服务大型企业客户，获取一手的行业经验和资源，也更有利于提升对小微企业的赋能效率。

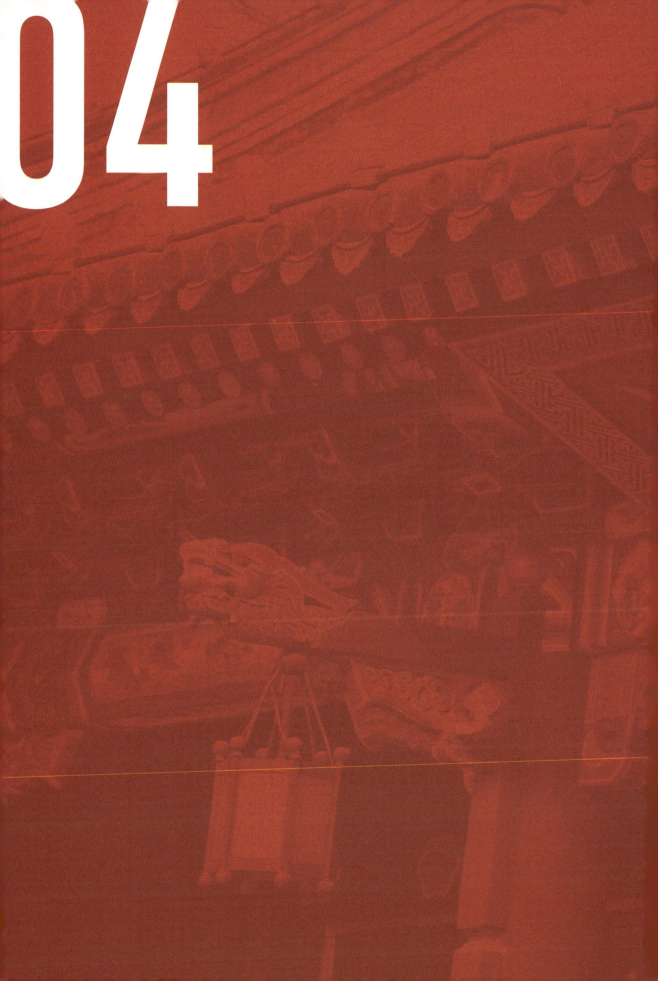

04

第四章

数字经济释放创新潜能

霸蛮科技：
产销一体的数字化餐饮零售终端构建

摘要：北京伏牛堂餐饮文化有限公司（以下简称"霸蛮科技"）于2014年成立，由北京大学法学硕士张天一创办，是国内餐饮领域的典型消费升级品牌。霸蛮科技在北京、天津的主要商圈开设了超过50家线下购物中心体验门店，率先创立了以消费者大数据串联为基础、"互联网电商＋外送O2O＋线下连锁体验店"的新零售经营模式。霸蛮科技通过"CRM+POS+小程序"一整套技术方案，整合线上线下零售和餐饮两大模块，培育门店堂食、外送、电商多维度的统筹运营能力，实现多渠道的统一体验和无缝结合。

关键词：新零售　智慧门店　小程序

霸蛮科技线下门店

1. 背景说明

伴随餐饮行业近几年的迅猛发展，顾客个性化需求的不断增加，在消费升级的场景中，如何把握新时代顾客的需求成为餐饮人不得不面对的问题。而餐饮连锁企业则面临更多需要解决的难题，例如房租成本不断攀升、餐饮从业人员供不应求、店铺外收入低等，这些问题给餐饮连锁品牌的快速扩张增加了难度。

新零售和新消费的本质有三个要素：一是实现所见即所得，二是用户价值，三是人和人的连接。餐饮新零售，就是为餐饮这个在过去被理解成服务业、

霸蛮科技产品展示

受到时间和空间限制的商业模式插上了翅膀,让它变得更容易标准化,在线上和线下,在不同的时间段产生更大的想象力。

2. 项目操盘节奏

霸蛮科技在过去五年时间里尝试了一套"新餐饮+新零售"的整合解决方案,直击传统餐饮行业坪效低、翻台率低、顾客体验不连贯等多个痛点,打通线上外送/商城和线下门店消费。在这套解决方案中,收银系统、CRM会员管理、社交自营销系统、ERP进销存管理系统被整合在了一起。霸蛮科

霸蛮科技产品展示

技通过数据化运营提升了品牌服务价值。

2.1 第一阶段：引入小程序，连接即成为会员

小程序是用户体验的重要载体，用户可以通过小程序进行门店点餐、结算，在家可以通过小程序点霸蛮科技外卖，甚至购买霸蛮科技的零售产品，使用体验高度提升，每个场景的每一个与顾客的触点都是用户体验的重要部分。同时，无论是从餐饮还是从零售渠道连接的用户，都会第一时间接触到霸蛮科技其他渠道的产品信息和优惠推送，形成"1+1>2"的全渠道闭环，避免各个渠道单兵作战抬高成本。

小程序页面

顾客使用小程序即成为霸蛮会员。小程序上线以来，霸蛮科技沉淀了10万以上的会员用户，直接拉近了品牌和消费者的距离，完成了品牌会员用户的原始积累。

在会员活跃度方面，霸蛮科技在小程序内的会员模块为顾客量身定做了专属于个人的成长与惊喜，利用AI、大数据等智能手段，根据用户的年龄、性别、工作行业、消费习惯等个性化需求准备生日惊喜，为会员推送不同类型的套餐和集点卡等多种功能，让用户在各个渠道的消费和互动都能成为会员成长的有力加速。伴随会员等级的不断升高，用户黏性也得到有力增强。

2.2 第二阶段：留住用户，产生裂变效应

在提高客户留存方面，霸蛮科技小程序的会员储值、场景化推送、积分商城等功能形成了大量用户的沉淀。截至2019年3月，霸蛮科技储值会员达到325 587人，其中，5%的用户储值高于4位数，全渠道均可消费的餐饮+零售场景给了消费者更多储值的理由。2019年3月8日，霸蛮科技根据用户历史消费数据，向女性用户推送了她们最喜爱的菜品优惠，收到女性用户的好评，当天营业额增长214%。

2.3 第三阶段：强化数据传输效率，实体店效率大变革，提升人效和坪效

大量用户沉淀后，霸蛮科技着力优化系统后端数据化能力，提升效率。

首先，简化点单流程，实现智能化推荐。餐饮门店场景下，顾客可以通过手机扫描小程序码下单，也可以通过门店的iPad进行点单。系统后台通过数据分析，能够实现首页智慧推荐、新品推荐，以及相关的小吃和饮品推荐，不仅减少用户的复杂操作体验，还减少了收银员的工作时间，提升了人效。

A 沉淀会员 Acquisition	A 提升活跃 Activation	R 提高留存 Retention	R 裂变传播 Refer	R 提升收入 Revenue
连接即会员	**成长与惊喜**	**社交即唤醒**	**场景化裂变**	**场景化**
小程序支付	包月套餐	会员储值	新人裂变	自营外送
小程序点单	会员等级	场景化推送	宝箱抽奖	限量预售
公众号联动	会员积分	积分商城	红包裂变	课程预约
小程序签到	生日惊喜	精准发券	免排队券	服务预约
社交邀请	集点卡	智能分组	超级会员	个性商城

"新餐饮＋新零售"的整体解决方案

其次，前厅后厨数据实时传输，信息高效互通。门店出单系统蓝牙、网口、网络打印机全兼容，小程序上的订单会直接投送在后厨的智能显示屏上。传统餐饮企业后厨下单通常采用纸质出单并放在夹单器中，霸蛮科技采用划单订单模式，新单、退单都有语音提醒，数字化流程无订单数量限制，堂食、外带、外送一目了然。为了提高出餐效率，菜品出单分档口进行，米粉、小吃、饮品智能菜品聚合、分类呈现。后厨在不同岗位制作的产品，最后统一输送到出餐窗口，由服务员呈送到顾客面前。

再次，霸蛮科技在小程序内着力打造自营外送和自营商城功能。自营外卖物流对接达达、顺丰、美团跑腿等，实现品牌自有渠道的外送能力。数据管理也不必担心，后台同时一站对接美团、饿了么等传统外送平台，所有数据汇总统一管理。外卖的自营也为企业省下了大量平台佣金，降低了对外卖平台的依赖性。自营商城是天猫、京东等传统电商平台的一个有利补充，消费者完全可以在门店消费后，选择在门店自提霸蛮科技的零售产品，解决了传统电商需要等待邮寄到家的物流时间。

最后，智能化对账系统。比起传统繁杂而又冗长的对账过程，霸蛮科技采用智能日结，日结即对账。门店收银和外卖消费在系统自动分类总结之后反馈数据，准确率大大提高。对账完毕，霸蛮科技即可将商品分类或针对单品数据进行实时分析，并分阶段对商品进行相应调整，大大降低了对店长的能力要求，提高了人效。

2.4 第四阶段：供应链模式大变革，拉动式生产，柔性、快速响应和配送

2017 年至今，霸蛮数据系统连接中央厨房模块，前端后端打通，实现产销一体化。在生产加工环节，霸蛮科技做到了系统根据加工规则自动编排生产计划，提高了加工计划编排效率和准确率。供应链生产加工环节支持原料投料管控管理，这一环节的投入使用可以迅速区分哪些原料需要重点管控、需要做加工过程流转单、需要记录实际投料数量，哪些货品采用综合管控分析。用"二八管理"规则将主料进行精心管控，辅料进行综合管控，用最少的精力产生最大的效益。另一方面，在成本分析上，门店按期盘点，将数据录入系统，系统再对比数据，分析产品投料的准确性。总部仓储管理人员可根据大数据自定义设置阶段性管控货品清单，有规划、分阶段地提升管控目标，极大程度提高了管理效益，逐步落实解决问题。

2.5 第五阶段：无人智慧零售门店

2019 年 1 月 7 日，霸蛮科技在中国科技创新前沿阵地中关村创业大街上，设立了全球首家无人智慧终端消费店。该门店系霸蛮科技在餐饮零售化、新零售领域的一次探索。这家智慧门店全天 24 小时营业，采用无人的自选服务

霸蛮科技线下门店

扫码开门　　　　取货即走　　　　自动结算

24H 智能售货柜

模式,店内不需要任何服务人员。该门店的设立得益于目前最先进的货品自动识别技术和精准匹配技术,用户使用微信或支付宝扫码开门,拿货即走,货柜可以做到 AI 自动识别并结算商品,整个过程在 3 秒内自动完成。

除了可以很方便地购买,用户还可以当场食用。据霸蛮科技创始人兼 CEO 张天一透露,为方便顾客购买,提升消费体验,除了技术的积累和研发以外,霸蛮科技的产品线也早在两年前开始为智慧零售布局。其推出的零食系列如臭豆腐、酱板鸭、厚豆干等产品可以做到开袋即食。同时还推出自热炖粉和自热火锅粉系列产品,门店提供所需的纯净水、餐巾纸等用餐用具和舒适的用餐环境,用户在几分钟内便可以享受到霸蛮米粉的美味。

3. 市场应用及展望

霸蛮科技将餐饮和零售结合的模型是商业模式上的一次探索,为传统企业带来了全新的模式。截至目前,霸蛮科技在外卖和零售领域的店外收入已经达到总营收的 70%,单店坪效是同行业的 3 倍以上。先进的"CRM+POS+小程序"一整套技术方案,支撑霸蛮科技达到了今天的规模。

编委会点评

1. 社会效益

根据国家统计局最新数据显示，2018 年全国餐饮收入达到 42 716 亿元，比上年增长 9.5%，占社会消费品零售总额的比重为 11.2%，市场规模持续扩大，餐饮消费成为国内消费市场的重要力量。餐饮行业步入科技引领的新历史阶段，从供给侧数字化到运营数字化，再到用户行为、交易行为的数字化，整个行业的全链条数据化趋势不可逆转。新一代年轻消费者天然具有的互联网思维和使用习惯，也将反推餐厅经营者们主动拥抱数字化变革。在餐饮这样传统古老又历久弥新、生生不息的行业，年轻的霸蛮科技把一碗米粉生意构建成产销一体的数字化餐饮零售终端，为行业提供了典型样板。

2. 创新价值

霸蛮科技通过基于微信小程序的自有平台实现零售、门店、外卖三位一体的全渠道会员运营，通过数字化运营提升实体店的人效和坪效，通过供应链数字化实现柔性生产链，通过数字技术提升了用户运营、供应链管理、组织管理的整体效率，霸蛮科技贡献了一套新"餐饮＋新零售"的整合解决方案。

福田欧马可：
数字体验店重塑商用车终端新形态

摘要：伴随着互联网基础设施的不断完善，大数据、云计算、人工智能等技术不断成熟，逐步改变乃至颠覆原有的生活方式，变革与创新成为时代的主旋律。电商行业的蓬勃发展带动了以电商物流为代表的高效物流快速崛起，并衍生出对高效运输装备的庞大需求，驱动车企产品研发制造的不断创新。线上比价、查看口碑、线上互动等全新购车习惯的养成，不仅放大了传统模式经销商成本高企、竞争同质化、用户体验差等诸多问题，更对车企营销与服务模式的创新提出了更高的要求。

关键词：终端销售　数字体验店　商用车

1. 背景说明

数字体验店是北汽福田汽车股份有限公司欧马克品牌（以下简称"福田欧马可"）为应对当下汽车行业经销商经营压力大、营销模式落后且用户购车体验差的现状，而推出的一种新型终端销售模式。

互联网的不断普及，对人们的生活方式产生了深远的影响，人们对商用车的采购习惯也发生了巨大变化。购买过程中实际到店用户越来越少，线上比价、口碑互动的决策趋势逐渐形成。而新的模式则进一步暴露出传统模式维持下的商用车经销商成本高、同质化严重、用户体验差等诸多问题。

福田欧马可数字体验区

除了决策习惯的改变,用户也已经不仅仅满足于产品的好坏,而开始关注商用车全生命周期的价值最大化。新的需求也在促使厂商自身的蜕变,始终紧贴用户需求成为厂商占据未来市场的核心能力,数字体验店就是福田欧马可面对各种挑战而实施的战略性尝试。

2017年12月,福田欧马可第一家数字体验店在深圳开启,标志着数字体验店第一阶段正式实施落地。当前,数字体验店开通口碑营销和用户体验两大功能,实现区域内精准用户引流和线下活动结合,通过改善用户的到店体验,经销商的成交转化率提升至25%。第二阶段,数字体验店将推动集客营销落地。第三阶段福田欧马可将向用户内容深度运营和车后市场内容方面扩展,最终形成覆盖全国市场的终端网络,为全国用户提供优质服务。

2. 创新描述

福田欧马可数字体验店采用科技感、数字化的设计风格,融入大屏互动

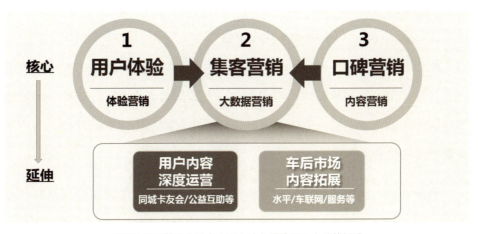

福田欧马可数字体验店由三大核心模块及两大延伸组成

设备、数字互动内容，包括品牌体验、产品特性、口碑体验及用户信息收集等模块，集合数字营销工具线上引流与线下数字互动、乘驾体验等诸多功能，实现了线上、线下营销模式优势互补。

2.1 数字体验区

数字体验区借助 iPad 体验、大屏互动、VR 互动、区域卡友口碑互动等数字化手段，帮助用户直观地感受目标产品的性能以及区域用户卡友的真实口碑，全方面掌握欧马可超级卡车的产品优势。

2.2 DMP 系统

福田欧马可借助 DMP 系统的线上引流以及车联网系统使客户了解车辆运行信息，帮助经销商逐步建立单店的区域型用户大数据系统，多位一体地打造区域经销商营销矩阵，使其更加便捷地触及目标用户，了解用户在产品全生命周期的需求，为用户提供更加优质的服务，更有效地提升经销商的终端营销能力。

3. 项目操盘节奏

3.1 第一阶段：口碑营销 + 用户体验

从 2017 年年底第一家数字体验店在深圳启动，到 2018 年，福田欧马可一直在稳步推进数字体验店战略布局。一方面推动"北上广"等核心区域数字体验店不断落地；另一方面，不断优化并丰富数字体验店的功能，为用户提供更多样化的优质服务体验。

口碑营销：该模块全面展现真实用户口碑评价，除了满足用户之间的线上交流，更可以让新用户看到全国各地的老用户对福田欧马可产品的评价，为新用户购买新车提供参考。

用户体验：福田欧马可数字体验店对传统的经销商门店进行了颠覆性的升级，架设了WIFI等基础网络设施，用户可以在店内借助iPad、大屏、VR等设备进行产品互动体验、VR互动体验、电视转播+互动游戏及集客互动体验等多种体验活动，全面提升用户到店购物感受，最重要的是，让用户全方位了解欧马可的品牌内涵及产品优势。

3.2 第二阶段：集客营销

随着互联网的普及，购物、营销等商业行为越来越"碎片化"，单一的销售模式已经无法满足当下的商用车销售需求。数字体验店将上线集客营销系统，打造完整的全渠道数字营销方法体系，可以更加高效地接触用户，进一步促进成交转化率。

集客营销：福田欧马可数字体验店的集客营销是以微信集客管理系统和区域微信"集客+销服"功能为基础，构建欧马可用户评价体系、开展区域

用户店内体验

用户口碑评价

媒体产品测评

用户线上 DIY 体验、实现区域数字精准引流、搭建区域活动以及"线上+线下"促销活动，从而最终打造一个以福田欧马可为核心的，集合了经销商、用户以及意见领袖的营销生态。

3.3 第三阶段：用户内容深度运营 + 车后市场内容拓展

第三阶段将深入推进用户内容和车后市场内容的运营，拉近福田欧马可、经销商、用户三方之间的距离，努力形成由三方组成的运营"同盟"。

用户内容深度运营：用户内容深度运营利用用户大数据，深入挖掘用户需求，以用户价值为导向，通过举办同城卡友会、卡友公益互助等活动，为用户价值的体现搭建平台，可以拉近用户与商家的距离，增加用户对品牌的黏性。

车后市场内容拓展：在深入拓展车后市场内容方面，福田欧马可依托数字体验店可以提升自身的服务优势；同时，进行车联网用户体验和跨界营销等内容的活动，增加多元化的线上线下用户体验。

4. 市场应用及展望

4.1 市场应用

用户到体验店看车询价，只需在数字体验大使引导下，输入自己的工况及需求，量身推荐的车型便会出现在用户眼前。产品的技术资料、优势特点、用户口碑以及一系列优惠信息亦将全面展现。用户只需动动手指即可全面地了解车辆信息，查看同区域内用户评价，帮助用户做出合理的购车决策。

4.2 未来展望

自福田欧马可在深圳开设了第一家数字体验店，人们首次认识到这种迥

系列用户体验活动

异于传统商用车经销商门店的新事物，之后，福田欧马可在上海开设了第二家数字体验店。

接下来，福田欧马可将继续推动数字体验店落地，从而进行全国性的覆盖。而随着未来福田欧马可数字体验店在全国范围的落地，以及系统的完善，数字体验店将集用户信息收集、销服一体、活动搭建等诸多功能于一体，构建起福田欧马可、经销商、用户利益共同体，在共同体中三方互惠互利。通过数字体验店，福田欧马可进一步降低经销商的运营成本，提升成单转化率，提高信息透明度，提升用户购车体验。

编委会点评

社会效益

福田欧马可数字体验店是一个发展中的案例，代表了传统车企，尤其是商用车领域面对互联网浪潮，积极学习O2O模式，通过线上线下结合的数字引流、数字营销、数字体验等手段，为商用车销售这个传统领域带来新的思路。事实上，商用车是国民经济的终端机体，也是物流行业的底层支柱。福田欧马可的数字体验店创新，是整个物流行业拥抱智慧物联网大变革的一个缩影。

悟空租车：
S2B2C 模式整合租车产业链实现规模发展

摘要：脚印兄弟（北京）信息科技有限责任公司（以下简称"悟空租车"）成立于 2014 年 8 月，现已覆盖全国近 270 个城市，超 6000 个服务网点，拥有车型近 3500 款，数量超 5 万台，不断朝向"车多网全，价格不贵，极致便捷，向客户提供有温度的出行服务"的目标发展。同时，悟空租车与携程、途牛、同程、飞猪等 OTA 平台以及京东金融、芝麻信用、今日头条等流量平台进行系统对接和深度合作，品牌知名度和行业影响力也持续提升。未来，悟空租车将成为一个共享开放平台，既赋能汽车租赁商户，又向客户提供有温度的出行服务。

关键词：租车市场　模式创新　跨界融合

1. 背景说明

根据调查数据显示，中国的 90 万台租赁车中，真正属于行业前三的只有 16 万—17 万台，剩下的大部分都在中小租车公司手中。同比国外的租车市场份额，中国的租车市场大有可为。伴随着车载智能终端、新能源汽车、支付方式、征信系统、大数据分析以及定位导航等技术的不断迭代，大量投资者开始关注并加入到汽车租赁的竞争当中，汽车租赁正面临着从传统到互联网标准化的产业转型。

城市化、居民消费水平提升、移动互联网的不断冲击使得汽车租赁行业面临着巨大挑战。以传统的商业模式运作的中小租车公司的生存空间被压缩，但新的技术和商业模式创新存在着巨大的发展前景。当前中国汽车租赁市场具有市场容量大、市场增长速度快、产业集中度低三大特点。

随着自驾游的兴起，租车出行成为消费者的主流选择。数据显示，2017年我国自驾游客年度出游频次为5.4次，平均时长为3.2天。一日自驾游的人均消费在376元（同比增长15.4%），过夜人均消费为2060元（同比增长14%），高于国内游人均消费水平。从出行距离来看，300公里以内占37.5%，300—500公里占比为14.5%，有1000公里以上自驾经历的占比达27.1%。

以"行"作为原点，将"食""住""玩"联系在一起，并提供个性化服务的垂直领域，仍存在较大发展空间。通过科学设计自驾游线路，将加油站、

悟空租车服务门店

高速公路、景区景点、餐饮、住宿、商业网点等串联起来，既可以满足游客日益增长的出游体验需求，也可以带动沿线的商业、物流、运输、食品生产、汽车及相关装备制造等行业发展，有效提升出行服务和保障水平。

2. 创新描述

与难以管控的 P2P 模式和重资产、高管理成本的 B2C 模式不同，悟空租车采用 S2B2C 模式，将目光聚焦在中小租车公司身上，发展其成为悟空租车的加盟商，帮助其实现弯道超车。

轻资产、重运营：通过整合中小租车公司，实现租车服务标准化、正规化，简化取还车流程，做到极致便捷。

车多网全：覆盖全国一、二、三、四、五线的 270 座城市，6000 个以上的网点，拥有车辆超 5 万台。

规模效应：打通汽车全产业链，通过连接上游供应商与租赁公司，进行集采，实现规模效应，降低成本。

悟空租车采用 S2B2C 模式，实现弯道超车

3. 项目操盘节奏

3.1 为中小租车公司赋能

3.1.1 发挥平台优势，集中流量，赋能车辆管理

车辆的管理、维修保养、订单、违章处理一直是租车市场的难题，租车平台如何在实现轻资产的基础上，做到保障加盟商和消费用户的基本权益？这些 B 端的中小租车公司是"正规军"，已经有了自己的品牌和经营模式，怎样才能吸引他们加入悟空租车的平台？

针对这些问题，悟空租车赋能加盟商的行动分为两大块：

一方面利用互联网技术推广线上平台，给平台上的租车公司做线上推广，为其提供客户流量；另一方面研发车辆管理系统，帮助企业提高车辆管理效率，使企业能及时掌握车辆使用、维修状况，并规范他们的租车服务流程。

从车辆的整备、维修到上门取送车，悟空租车帮助中小租车公司从街边小店迅速转型为有移动互联网助力的标准化租车服务门店。随着平台与更多中小租车公司的深入化合作，悟空租车不断地修正、增加服务项目，给加盟商带来了更多独特的平台优势、系统优势、风控优势、集采优势、客流优势。

3.1.2 阶段性成果

中小租车公司可获得悟空租车提供的八大支持：自主研发的行业内最领先的车联网技术、低至市场价 7 折的车辆采购价格、共享平台千万客户资源、品牌规模化效应、行业领先的 SaaS 服务系统、全球领先的租客征信认证识别系统、多元化汽车金融产品以及一对一深度业务培训。悟空租车通过对中小租车公司进行标准化和专业化的改造，把线下的资源整合到悟空租车的平台上，从而给客户提供更专业、更标准、可预期的租车服务。通过与悟空租车

的合作，租赁公司实现了"两增两降"，即"增客源、增效率，降成本、降风险"。

SaaS 系统支撑：增客源、增效率，降成本、降风险

3.2 第二部分：打造"租车＋旅游"的行业新模式

3.2.1 "租车＋旅游"行业模式创新

在用户端，悟空租车打造全流程移动互联网体验，以极致便捷的租车服务引领全新的生活方式。相比目前租车市场的巨头神州租车、一嗨租车，悟空租车作为追赶者，在营销端口放了"三大招"：全流程的移动互联体验、丰富多样化的车型选择、更高的网点覆盖率。而且所有加盟商统一管理、严控服务标准。除了通过平台用户画像和运营数据对自身业务精细化梳理后的拆分强化，悟空租车也在充分挖掘平台用户的价值。

"租车＋自驾游"的市场模式，需要在产品创新、安全保障、服务体验等方面继续探索。悟空租车以此为契机，大力打造"租车＋旅游"的市场新模式，现已在国内各旅游城市的租车行业中占据优势地位。相比传统自由行的"机票＋酒店"模式，悟空租车以"车＋X"的模式开展自驾游业务，提供吃住行游娱购全流程打包服务。

悟空自驾游以成为国内自驾游服务第一品牌为愿景，希望以车为载体，在解决了出行问题之后，为用户提供更优质的服务，定制更自由的行程，打造更省心的体验。随着越来越多的省份大力发展旅游产业，悟空自驾游也与多地达成战略合作。未来，悟空自驾游将开拓山西、黑龙江、成都、西藏等多地旅游市场。

3.2.2 阶段性成果

得益于租车行业的快速增长、悟空租车基于轻资产的特色服务提供可能蕴含的企业增长潜力等因素，悟空租车现已覆盖全国近 270 个城市，超 6000 个服务网点，拥有车型近 3500 款，车辆超 5 万台，拥有 150 多家品牌形象店。同时，悟空租车与携程、途牛、同程、飞猪等 OTA 平台以及京东金融、芝麻信用、今日头条等大流量平台进行了系统对接和深度合作，品牌知名度和行业影响力也持续提升。

2016 年 12 月，悟空租车与云南城投集团共同打造悟空自驾游品牌，2017 年 6 月正式投入运营。悟空租车实现云南省全域 16 个州市无缝隙覆盖，在充分发挥云南旅游产业优势的基础上，为用户提供吃、住、行、游、购、娱等高品质一站式自驾游服务。悟空租车还建立标准化的线下门店，并沿重点自驾游路线建设自驾车、房车露营地。此外，悟空租车不断挖掘各省的旅游资

悟空租车品牌形象店

源及自驾游路线，无论是在耳熟能详的著名景点，还是在新兴小众旅游地，都有悟空租车的服务网点。

4. 未来展望

让人人都能便捷出行，是悟空租车长期的愿景。悟空租车认为，未来人人将租车出行，无需买车。从行业来看，行业的发展将走向打造一个自驾游

悟空自驾游品牌活动

的生态，这不仅包括了租车生态，还将包括旅游生态。悟空租车不仅需要努力抢占产业发展的最高峰，同时也需要保持对产业及生态发展的高度敏感性，在这个发展的大好机遇期，迅速成长起来，成为所定位的市场中的第一品牌、第一平台，这样才可能在产业未来的演进中处于优势地位。

未来，悟空租车将成为一个共享开放平台，既赋能汽车租赁商户，又向客户提供有温度的出行服务。在打造加盟连锁品牌的基础上，进一步开放平台，把更多租车同行放到平台上来，从单一的自家短租产品，向短租、长租、包车、代步车、自驾游、以租代购、接送机等全口径预约出行业务扩展。同时提升服务品质，向着"车多网全、价格不贵、极致便捷，向客户提供有温度的出行服务"的目标不断迈进。

编委会点评

1. 社会效益

悟空租车提供了一个产业互联网的典型示范方案，建设了一个自驾车辆租赁行业的共享经济平台，通过中心化的车联网技术赋能、SaaS 系统赋能、客户资源赋能、品牌赋能、供应链赋能、信用体系赋能、金融赋能、业务培训赋能八大赋能体系，为占租赁车行业 80% 市场占有率的中小租车公司提供平台服务，帮助中小租车公司享受到统一平台带来的巨大品牌加持和能力加持，同时保有独立运营管理的灵活性和高效性。做产业里长尾企业的伙伴和老师，而不是竞争对手，帮助全行业提升互联网化和信息化水平。

2. 创新价值

悟空租车的最典型使用场景就是自驾游场景，从租车市场延伸到自驾游相关的综合出行服务，体现了 S2B2C 模式的独特优势，既能连接供给端和企业端，又能连接用户端。一方面是 B2B 赋能的商业模式，另一方面，在 C 端流量的获取和运营上，构建围绕自驾游的"有温度的出行服务"，以 C 端养 B2B 端，以 B2B 端支持 C 端，形成产业互联网和消费互联网的结合。

爱动超越：
智能车辆效率管理的工业互联网应用

摘要： 爱动超越人工智能科技（北京）有限责任公司（以下简称"爱动超越"）在 AI 技术研究领域，尤其是在时序数据挖掘算法、时序数据分析等方面具有长期技术沉淀，并拥有数据的挖掘、采集、处理、识别及预测等全链条 AI 能力。爱动超越不仅在模式识别、异常检测、事件预测等 AI 技术应用领域具有丰富的经验，并且具有从设备层、业务层、平台层到算法层的完整 AI 应用落地能力，其中"设备＋软件＋云＋算法"的完整解决方案已经在多个领域成功应用。爱动超越拥有 Intel 多项 AI 的技术独家授权，并联合国内外顶尖科技公司及科研院校成立了人工智能研究院。

关键词： 人工智能　时序数据　AI 技术应用　工业互联网

1. 背景说明

随着工业互联网的兴起，人工智能技术深入到了工业生产乃至整个实体经济产业链的各个环节，例如基于大数据的客户使用情况分析，能够为产品设计、研发、生产、维护、销售等环节提供信息及数据支持，实现完整的人工智能产业化落地闭环。爱动超越率先将时序数据的挖掘和分析算法应用于工业互联网中，积累了大量的行业数据以及工程应用经验。

与传统的工业信息化管理系统不同的是，爱动超越的人工智能技术并不局限于应用在某一企业，而是着眼于全行业的实时分析及预测，其多维度的大数据挖掘及分析与传统系统具有本质区别，多传感器的应用也使得相关解决方案的功能和服务更加全面，并且支持快速部署，从而帮助企业快速完成智能化管理体系升级。除此之外，各种异常信息及行为信息的预测也将改变工业产业的管理及生产模式，使其朝着精准、精细、安全、高效的方向发展。

除应用了诸多人工智能技术外，爱动超越的产品线同时也包含了从设备端、云端到 WEB 端的创新解决方案，以及"设备 + 服务"的全新合作模式，在为企业真正带来收益的同时，也极大地减少了企业的运维成本，从开源、节流两方面助力工业经济发展。爱动超越将多个行业的 AI 应用引擎免费向产业内开放，通过开源、云技术的充分应用，降低 AI 在行业应用中的整体社会成本，提高产业竞争能力和服务能力，响应国家战略，加速产业升级。

2. 创新描述

生活中，我们经常会接触到需要对某些指标或者状态按时间序列进行统计和分析的场景，典型的如股票大盘走势、气象变化、内存监控等。这些依赖于时间变化，可以用数值来反映其变化程度的数据就叫时序数据。时序数据具有两个关键的指标：监测时间和监测数值。作为物联网领域数据存储的首选，时序数据存在于包括穿戴设备、医疗、工业、环境监测、疾病控制等多种领域当中，其应用类型上的巨大差异导致构建时序数据 AI 应用时比构建其他 AI 应用要考虑更多因素。

明确应用目标：时序数据没有图像、语音和自然语言等数据那么直观，很多时候用户很难将其和现实业务联系起来，就造成了两种极端现象：不知道 AI 能做什么和认为 AI 什么都可以做。

评估指标：算法开发阶段经常使用准确率和召回率等指标来定义目标，但实际应用中，还必须明确时延、吞吐量、功耗甚至成本等与实际应用相关的指标。例如，如果将深度学习网络用在手表设备上，即使不考虑电池能用多久，仅发热量就令用户无法接受，无法使用。

计算架构：这是构建时序数据 AI 应用中最容易被忽略的因素，但对选择算法来说极其重要。时序数据产生源非常多，如小到没有联网能力的穿戴设备、限制联网的医疗设备，大到电商分布式交易系统等，这些应用需要实时分析 AI 还是离线分析 AI 也大不相同。需要对整个系统中的数据流动方向、流经节点功能和计算能力进行分析，才能确定在设备端、边缘端、云端等哪个环节实现 AI 功能及选用什么样的算法。

下图给出了一般性计算架构，可以在构建应用时作为选择 AI 算法的参考。

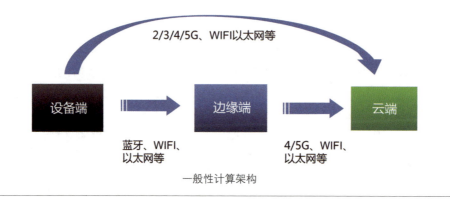

一般性计算架构

A. 设备端通常载有一些传感器的硬件设备，是最具有挑战性的 AI 应用环境。设计应用时必须同时考虑实时性和功耗要求，并考虑设备的存储能力和联网能力。

B. 边缘端的计算能力和网络环境要远大于设备端，例如手机、PC 或者小型服务器，主要考虑其计算角色：

（1）转发数据，连接没有联网能力的设备端；

（2）加速处理，装载 GPU 或者 VPU 等专用设备进行特征提取、推理计算；

（3）用户交互，直接实现 AI 算法，将结果展示给用户或者输出给其他边缘系统。

C. 云端本身联网能力和计算能力都可忽略不计，但需要仔细考虑其输入数据类型和数据量，确保整个系统的经济指标可以接受。

实际应用系统中，AI 算法可在某一个节点中实现，也可能由某几个节点一起来实现，边缘端和云端通常还会实现多个 AI 应用算法。下面我们将以爱动超越多个实际产品为案例，分析其中 AI 问题定义和算法选择等实际应用。

3. 智能人员效率管理平台

3.1 数据技术

如上图所示，爱动智能手表的核心 AI 应用是通过手表中的加速度传感器，

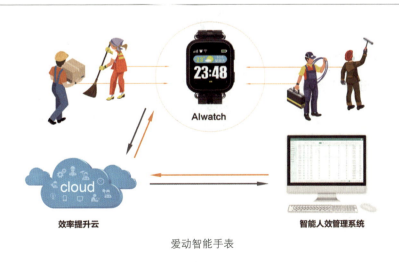

爱动智能手表

根据行业应用识别各种手势动作。该应用的挑战有两个：（1）功耗，手表实时联网的状态下至少需要连续使用 24 小时以上；（2）复杂度，手部动作与脚步动作不同，不仅运动方向多，可以产生的动作类型更多。综合这两点因素考虑，系统采用了多计算节点共同实现的方式，在手表端（设备端）实现部分数据的过滤功能和特征提取，确保网络传输量最少，让识别工作在云端完成，以达到节电的目的。

3.2 市场应用

2017 年，爱动智能人员效率管理解决方案项目立项，并与上市公司启迪桑德取得合作；2019 年 3 月，爱动超越智能人员效率管理平台完成 3 万人次的部署，落地城市超过 40 个；全国环卫手表市场占比高达 80% 以上。

爱动人工智能手表不但可以提供一般智能手表的绝大部分功能，还可以根据应用场景识别佩戴人手部的手势动作，具有十分广泛应用场景：环卫工人管理、城市网格化管理、老年人关怀、交通及巡逻警察指挥调度、园林绿化人员管理、建筑工人工作量统计等。

3.3 社会价值

爱动智能人员效率管理解决方案，作为智慧城市的一种补充，能够有效帮助劳动密集型行业完成智能化管理转型，使之朝向智能化、精细化的运营目标迈进。该方案不仅能够使相关单位提高运营效率，解放管理资源，还能够对所需要的人员部署及工作情况进行预测，并根据实际情况实现灵活调度等。

4. 智能车辆效率管理平台

4.1 数据技术

爱动的核心技术在于时序数据挖掘和机器学习两大应用领域。基于终端设备获取低成本的时序信号，采用机器学习对这些信号数据进行分析及应用。目前，已经投入使用的车效管理平台形成了"发现"到"应用"的闭环作业，包含了数据的自动标定，数据价值的挖掘、分析等。设备端 AI 算法面向低计算能力进行优化，可以直接由云端落地在设备端，提高其智能程度，并且神经网络模型算法及分布式服务器的应用也大大提高了整个管理体系的响应速度。

车效管理平台的 AI 应用主要体现在通过设备内置的加速度和陀螺仪数据对驾驶行为进行评级和检测，通过云端对车辆故障以及车队整体工作负载量进行预测。为了实现"现场给司机提示"的业务需求和"节省网络流量"的成本需求，在设备端实现了对驾驶行为的检测，而云端只把处理结果作为预测故障及工作效率的一项考虑因素。

4.2 市场应用

爱动超越智能车辆效率管理平台的合作伙伴包括凯傲集团林德物料搬运、宝骊叉车等主机厂商及京东物流、物美、招商物流、中国一汽等批量使用工业车辆的知名企业。目前车辆效率管理平台智能硬件第三代产品已进入最后测试阶段，相比于前两代产品以数据协议进行适配及数据获取的部署方式，第三代产品完成了质的飞跃，即无须进行适配即可部署。

4.3 社会价值

爱动超越智能车辆效率管理平台适用的场景非常广泛，包含了仓储、物流、冷链、环卫、电力等多个行业，通过人工智能技术和实体经济的整合，实现以技术为实体经济赋能，并使得车辆效率管理平台成为智慧工业的一个重要组成部分。尤其是配合爱动超越人员效率管理平台及健康管理平台的落地，使得人员、机械得以通过完整并且十分成熟的落地方案完成智能化管理转型，最终实现企业降本增效的目的。同时健康监测、异常预警等技术的成功应用，也改善了企业员工的生活。

4.4 市场展望

目前市场上旧有的车队管理系统已经无法满足客户需要，而应用物联网和人工智能技术的工业互联网管理平台目前还处于一个空白阶段，是一个重度垂直的蓝海行业。相较于将科研力量放在图像识别及自然语言识别等领域，爱动超越专注于研发基于时序信号的垂直行业智能产品及技术，获取了大量

爱动超越智能车辆效率管理平台

数据和应用场景信息，取得了先发优势。

智能车辆效率管理平台作为一项人工智能及物联网技术在工业工程领域应用的完整解决方案，融合了多项高新技术及成果，在多个行业的成功落地证明了该方案在为工业行业赋能中的独特作用和强大能力。未来，该方案不仅会拓展至更多的工业领域，同时还会向产业链的上游和下游延伸，帮助工业企业更好地完成向智能化管理和生产模式的转变，加速工业行业的智慧化转型。

编委会点评

1. 社会效益

爱动超越在智能人员效率管理、智能车辆效率管理等领域的工业互联网实践，将物联网技术和 AI 技术通过时序数据分析的手段整合在一起，有效解决了仓储、物流、冷链、环卫、电力等多个行业的实际需要，帮助工业企业更好地完成智能化管理和生产模式的转变，实现智慧化转型。

2. 创新价值

爱动超越在工业互联网领域从人员效率、车辆效率等应用场景入手，在设备端、边缘端、云端等三端协同，实现了基于智能硬件和物联网时序数据分析的工业智能化管理，具有技术和产业应用的双重创新价值。

石墨文档：
高效作业，多人实时协作的在线文档处理

摘要： 石墨文档由武汉初心科技有限公司研发，聚焦于云端协作办公软件的应用，旨在为企业提供云端信息共享 Office 工具，帮助中国企业实现更高效的在线协同办公。项目建设经历了个人用户起步推广、企业版战略正式启动、创新型企业转型应用三个阶段。本项目致力于解决当前企业在信息化时代办公的低效痛点，建立起企业间信息共享系统，改变企业协同办公的方式和观念，帮助企业构建内部智能化管理态势，释放组织和个体机能。

关键词： 信息共享系统　移动化办公　多人协同办公

1. 创新描述

石墨文档，是国内首款支持多人云端实时协作的企业办公服务软件，可以实现多人同时在同一文档、表格、幻灯片、思维导图上进行编辑和实时讨论，同步响应速度达到毫秒级。

截至目前，石墨文档服务的个人用户超千万，企业用户超 17 万家。服务涵盖各行各业，尤其适用于新媒体、互联网、教育及相关行业。

石墨文档的创新价值表现在两个方面：

1.1 支持多人同时协作

石墨文档在底层实现了多人实时协作的算法，可以支持所有计算资源的横向扩展，满足企业对协作的要求。用户也可以离线进行编写，独创的编辑器可以兼容 Word、Excel 和 PowerPoint 格式，方便用户将现有数据导入。

除此之外，石墨文档支持微定制、SDK（软件工具包）接入及私有部署。石墨文档 SDK 提供了编辑器接口，开发者可通过调用该接口实现支持多人实时协作的文档编辑功能。

1.2 高效的交付反馈能力

石墨的 SaaS 产品通过微服务化，建立了高效的交付反馈工作流程。新功能和 Bugfix 可以实现最快当天研发、测试和部署交付，打造了强力新型的信息共享系统，为办公移动化提供了可能，提高了协作效率。

2. 背景说明

2.1 产业数字化升级的时代节点

随着"互联网+"越来越被重视，各领域开始利用信息通信技术以及互联网平台，将大数据、人工智能、区块链等新兴技术与各自行业进行深度融合，创造新的发展生态。

然而，数字化升级的主要特征是变革和创新，对于许多传统企业来说并不容易做到，更多传统企业经历的是"互联网+"转型之痛。在这种情况下，可全维度支撑企业智能运营及管理的综合解决方案是最适合企业的选择。

当前，数字化升级已经成为整个社会的共识。IDC 研究报告显示，到 2020 年全球数字化转型相关的行业增加值将达到 10 万亿美元，全球 1000 强企业中的 67%、中国 1000 强企业中的 50% 都会把数字化转型作为企业的战略核心。

2.2 现代企业内部对高效管理工具的需求

数字化升级的重点不在于颠覆性的改造，而在于循序渐进的流程改进及一个运转良好的以系统计算为中心的操作模式的创建。现代企业办公往往需要各部门人员频繁交流、共享办公文件和跟进办公流程，这其中经常需要多人员协作讨论、修改完善。

然而，传统的 Office 工具的工作模式都是"本地思维"，用户在本地创作、

石墨文档支持多人同时协作

编辑和存储往往耗时耗力，增加交流沟通成本，不利于高效工作。虽然一些办公软件后来与时俱进推出了文件云存储、云同步等功能，但其基础功能依然面向本地，实现的是文档云存储，而不是文档在线处理，难以匹配如今的在线协作趋势。

3. 项目操盘节奏

3.1 项目发展进程

本项目意识到企业服务市场和产业数字化的趋势，顺应用户需求，最终一步步开发出助力企业信息化高效协作管理的服务工具。项目进程大致可分为以下三个阶段：

第一阶段（2014.5—2016.7）：首次推出云端协作文档，"实时协作共享"产品上线。

第二阶段（2016.8—2018.5）：专注企业服务市场，投入企业管理应用。

第三阶段（2018.6—至今）：完整版云端Office成型，产品体系进一步深化。

2018年10月，石墨文档正式推出幻灯片。至此，本项目成为国内最为完整的云端Office。与此同时，石墨文字识别小程序、石墨思维导图、协作空间等一系列产品和功能还在持续上线和优化完善，以此提高智能化办公效率，建立流畅的信息共享系统，形成完整的云端办公生态体系。

3.2 项目应用实例

本项目的核心价值在于帮助企业在数字化升级中寻求新的发展点，例如借助成立互联网团队以实现发展的数字化，下面以深圳美西西餐饮管理公司喜茶团队（以下简称"喜茶"）为例进行详细阐述。

3.2.1 应用描述

创立于 2012 年的喜茶是一个新型茶饮项目，开创了中国茶饮新模式，其经营理念聚焦产品、品牌和消费者体验，目前在全国范围内已有 100 余家分店，具有庞大的年轻消费群体。

在喜茶互联网团队的日常工作中，产品设计、运营方案等都是需要频繁修改的文档。然而传统的工作模式中，每经过一次修改，就会产生一个新文件，修改越多，文件也越多，最后很容易出现发错版本、找不到最新版本的情况。与此同时，谁在什么时间修改了哪里，也不能一一记录，不能为下次工作提供参考。

喜茶数字化管理系统以石墨文档为核心，支持多人在同一文档、表格、幻灯片上进行文字编辑、讨论等，内容实时云端保存。此项技术方便喜茶团队撰写、讨论同一篇文章，并对其进行修改与讨论。此功能大大降低了喜茶团队的沟通成本，加强了企业内部的联络沟通，建立了线上信息共享系统，实现了数据信息精准、数字化管理。

同时，石墨文档支持在网页版、客户端、APP、微信端以及新推出的微信小程序上的多端无限切换，方便了各办公群体在各种场景下保持同步联系，拓展了办公空间，为办公移动化提供可能。喜茶团队成员无论何时何地，都可以对文档进行查阅、编辑，对无时无刻不在构思内容的使用者创造了绝佳的条件。

3.2.2 阶段性成果

协作效率提升：实现数字化管理系统升级后的喜茶能更专注于团队在线上的运营与营销，从而成为智能商业的先驱者。协作撰稿大大提升了沟通效率，更便于团队产品设计沟通、运营文章的合作、头脑风暴、修改以及之后的复

从创新，到未来
——北大创新评论产业研究案例库（2019—2020）

第四章 | 石墨文档：高效作业，多人实时协作的在线文档处理

石墨文档应用场景

盘总结，为其线上高质量的产出提供了保障，强化了运营和品牌维护，提高了品牌价值。

组织架构调整：为了更好的通过系统进行管理，喜茶互联网团队将原本的组织架构变成"同心圆"模式，在这个模式下不设层级汇报，由 HR 和行政统一管理工作账号。通过石墨文档的文件夹功能，搭建并维护团队知识库，方便资料分享及复盘。无论是管理者还是工程师，都能通过石墨文档获取所需要的信息。每个文件夹还能为单个成员设置"只读"或"可以编辑"的访问权限，方便企业进行管理。员工通过石墨文档在各平台随时随地修改工作报告、交流想法。团队各成员也能随时看到最新版本的工作文件，完成实时无障碍的合作。

思维方式转换：随着新系统的推行应用，使用者逐步养成了"思辨胜于经验"的思维方式。相较于一些传统团队，喜茶的互联网团队时刻分享最前沿的产品和模式，通过团体性思辨不断推出更具创新性的产品，将"多人协作、多端互通"进行了多元的展现。

4. 市场应用及展望

未来，石墨文档将通过 SDK，为企业提供解决方案，包括：

企业私有版 SDK：接入企业内部系统，在公司内部 OA、网盘等系统里植入石墨文档 SDK，其员工就可以利用企业内部员工账号直接新建、打开、编辑在线文档。

平台开发版 SDK：接入企业对外产品，将石墨文档的核心功能快速嵌入其他产品或平台，该产品或平台用户即可以利用产品账号，直接新建、打开、编辑在线文档。

全站私有部署：将石墨文档私有部署至企业内网，建立企业知识管理与协作平台，定义企业知识库，提升文档协作效率，管理企业组织与内容，体验与石墨文档"官网"效果一致。

越来越多的中国企业意识到改变工作逻辑的重要性，也都在逐步进行数字化升级的尝试，这促使大批以石墨文档为代表的高效作业工具的产生。未来，石墨文档将继续致力于创新型企业数字化转型的建设，研究更多应用场景，帮助更多企业完成智能化流程的建设。

编委会点评

1. 社会效益

智能化多人协作文档的兴起,是以谷歌的产品 Google Docs 为源头的。在企业服务软件领域,从智能文档到财务、人事、销售、协同办公等领域,中国本土企业学习和借鉴了大量欧美"先驱"产品的经验,同时又依据中国用户的使用习惯和中国企业的管理模式,做了大量的改进、优化和创新。好用的、能提升效率和节约沟通成本的智能化产品,对于企业的数字化转型,起到了基因再造和模式引领的作用。

2. 创新价值

企业的沟通成本集中体现在信息不能及时同步,团队各自为战带来的信息隔离效应上。通过协同办公文档的使用,同一份文件、资料、方案、报表不会再孤立地存在于不同人员的电脑上,不会再有多个容易混淆的版本,不会再不受权限控制地传播。通过一个工具产品的创新,实际上培养了团队协同工作的习惯,为企业的流程优化和内部思路碰撞提供了机制保障。

3. 应用场景

本项目可用于企业解决方案部门的思路碰撞，使得在不同时间、地点的员工都可以共同撰写同一份方案；可用于企业管理部门的经营状况统计、实时更新、随时查阅等多种应用场景。

05

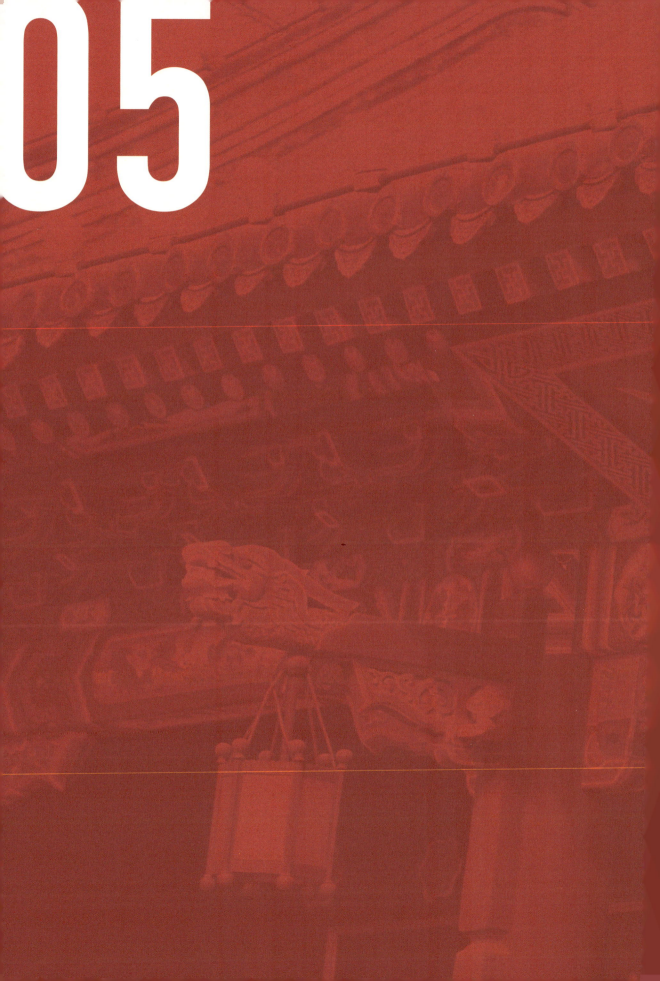

第五章

智慧管理的创新之道

PKU Innovation Review

Udesk：
全场景智能客户服务管理系统

摘要： Udesk 起步于 2013 年，依托云计算、大数据、人工智能等技术，为企业提供全接入渠道覆盖（电话、在线客服、手机 APP、邮箱、web、小程序等）、全场景覆盖（获客、智能自助服务、售前服务、现场服务、电销、客户关怀回访、售后服务和企业内部服务）的客服平台。Udesk 致力于提高企业客服团队服务效率、降低运营团队运营成本，帮助更多企业以低成本、高灵活的方式为客户提供优质的服务体验。

关键词： 智能客服系统　企业客户服务　客服平台

1. 背景说明

1.1 产业数字化向智能化转型的时代

近年来，中国人口红利逐渐消失，人工智能席卷全球，科技的发展给不少传统行业带来巨变。随着人工智能时代的到来，算法上的突破已经不能满足人们对智能技术的期待。人工智能从新科技到转化为企业基本的生产力，是数字化向智能化转型的重要机遇。

1.2 企业对智能高效客服平台的需求

在企业服务领域，人工智能的工程化和实际场景化正成为新的起点。人工智能已经可以实现从智能客服的实际场景渗透到不同企业的业务系统，这其中就包括：人工智能技术本身的不断蜕变与突破，企业不同业务与市场及客户的对接，市场需求与智能技术的深度融合等。

2. 创新描述

Udesk 全场景智能客户服务管理系统是目前市场上覆盖企业客户服务全部场景的产品之一，致力于为企业客户服务提供综合解决方案。截至目前，

Udesk 全场景智能客户服务管理系统

Udesk 已拥有 150000 个以上的注册企业用户，包括光大银行、星巴克、海底捞、58 同城、宝洁、壳牌、VIPKID 等各行业领军企业。

2.1 支持接入全部渠道

企业接入 Udesk 之后，可以随时随地通过微信、小程序、企业微信、微博、邮件、电话、移动 APP、Web 即时通讯（IM）等多种渠道进行咨询、反馈、建议和投诉，客服人员无须反复切换，只需在一个平台便能与所有渠道接入的用户亲切交谈，同时处理不同来源的信息，快速记录和解决问题，高效的多渠道客服系统将为客服行业带来革命性的升级。

2.2 满足客户服务全部场景

客户服务全场景其实就是客户服务方式、客户服务属性、客户服务类型与行业的无限组合，每一种组合都能生成一种客服业务场景，每个场景都拥有对应智能客服系统的解决能力。

Udesk 全场景智能客服平台覆盖企业的获客、智能自助服务、售前服务、现场服务、电销、客户关怀回访、售后服务和企业内部服务；同时进行流程引导，操作更加智能化。

3. 项目操盘节奏

3.1 项目背景

Udesk 为四川海底捞餐饮股份有限公司（以下简称"海底捞"）构建了全渠道智能客服应用系统。海底捞成立于 1994 年，是一家以经营川味火锅为主，融汇各地火锅特色于一体的大型直营连锁企业。经过二十年经营，海底捞从一个小门店起步，现在拥有近 2 万名员工，同时拥有一批食品、营养，工程、仓储、管理方面的专家和专业技术人员，有117家直营店，4个大型现代化物流配送基地和1个底料生产基地。

随着企业的不断发展，以下问题开始显现并亟待解决：

3.1.1 互联网O2O环境下，多元化的客户交流方式成为重要需求

海底捞是一个大型跨省直营餐饮品牌，持续经营27年，随着互联网大环境的发展，尤其是移动互联网的快速发展，以及O2O模式下的餐饮变革，电话订餐、电话预约数量大幅提升。同时，越来越多的用户开始使用微信和APP订餐，如何高效处理逐年提升的电话客服量，搭建多样化的客户沟通方式，同时保持高质量的客户服务水平是海底捞面临的主要问题。

3.1.2 多门店电话分机号码众多，管理不便

海底捞在多个地区拥有一百多家门店，每个门店拥有2-3个电话分机号码，因此存有大量的电话号码，不但用户难以记住每个门店的电话，而且电话号码管理困难，推广宣传时也难以使用固定的号码。所以，急需一个方案，将热线号码统一、话务信息集中，以便统一进行咨询管理、订餐以及质量监督。

3.1.3 电话转接量大，造成人力浪费

顾客在电话订餐时往往把电话打到总部，而总部需要咨询顾客信息后将电话转接到就近的门店，一方面产生两次电话接听量，造成人力浪费，另一方面，延长了顾客转接等待的时间，特别是在订餐高峰时段，可能造成顾客等待时间数倍增加，影响顾客满意度。

3.1.4 客户沟通服务质量，难以检查

海底捞公司重视客户服务质量，店内的服务是容易看到的，然而电话沟通的服务质量比较隐蔽。随着直营店不断扩张、业务发展、客户咨询量增多，

对客服的要求越来越高。但是海底捞一直难以有效监控、评估客服人员的服务质量和服务态度，不利于总部对分店的客服质量核查、管理。

3.2 Udesk 解决方案

3.2.1 多渠道信息整合

顾客可以通过官方网站、电话、APP 及微信公众号查询周边门店位置、店内照片、特色服务，可以自助点餐、预订座位及点外卖。

3.2.2 智能回复系统及工单功能

渠道信息整合至平台，通过 FAQ 机器人进行回复及工单生成流转操作，满足海底捞日渐增加的业务工作。利用 FAQ 机器人答复顾客问题，处理订餐、外卖等需求，使业务进度流程化、科学化，最大限度减少人工干预所引发的问题和错误；FAQ 机器人能提供"7×24"小时的流程化服务，在提供完善业务流程的同时，确保信息准确度；采用工单进行流转保证业务流程的清晰度和完整度，确保顾客需求能实际到达后厨，提高顾客满意度，同时提升企业形象。

3.2.3 呼叫中心系统

Udesk 采用大容量、高并发呼叫处理能力的云呼叫中心；高峰期时，云呼叫中心稳定承担每小时近万次呼叫，系统可负载容量完全符合企业方使用需求，并提供后期企业发展所需容量的扩充服务。

Udesk 采用 SaaS 服务，提供稳定高效的对话排队功能，丰富的、合理的排队策略，以及多重分配规则，最大限度地提升了座席利用率，降低客户等待时间，提高人工接通率。

当客户来电话时，Udesk 平台将自动弹出注册客户的基本资料（未注册客户将由客服人员完善客户信息），同时显示所有服务记录，无论哪个客服接听电话都可以全面掌握客户的实际情况，从而进行准确高效的服务，让每个客户都能享受到 VIP 服务。

3.3 阶段性成果

与 Udesk 全场景智能客户服务管理系统的结合，使得本来就以良好服务出名的海底捞，服务好、味美、价廉的品质更加得以凸显。消费者只需要拨打一个电话到海底捞的呼叫中心，将需求告知接线员，Udesk 系统便会快速生成工单，并且对整个工单派发过程进行实时跟踪。Udesk 使海底捞不但免去了软硬件的资金投入和维护系统的人员投入，同时可以把更多的资金和精力放在经营自身的业务上，帮助海底捞轻松实现了传统餐饮向电子商务的转型。

4. 市场应用及展望

未来，Udesk 将在全场景智能客户服务管理系统的基础上，进一步提升在语音识别、自然语言理解、用户画像等方面的 AI 能力，同时借助人工智能和云计算的优势，打造客服领域创新的 AI 解决方案，并将其进一步推广到金融、能源、制造业等高门槛、迫切需要转型升级的行业。

Udesk 将重新定义企业与客户的连接场景，使几万企业用户从人工客服主导逐步转型为 AI 主导。从根本上助力企业客服实现全方位的智能化转型升级，开启企业客户服务全场景智能化时代。

编委会点评

1. 社会效益

传统企业的数字化转型，客户服务和客户的全渠道管理是重中之重。传统呼叫中心存在着"客服人员流动性大""人员岗位培训成本高""大量重复性问题消耗人工客服""客服人员工作时间长、效率低下"等诸多问题。如何提高客服效率，把握客服质量一直都是企业努力改善的问题。

过去几十年中，客服系统经过几次大的迭代，起初是传统的电话和邮件沟通，后来有了呼叫中心，再后来就是在线客服，再发展到全渠道客服系统。而Udesk所代表的全场景智能客服平台领域，用全场景、SaaS、云服务、全渠道、数据驱动、全员客服等关键词，定义了新一代的智能客服系统。

2. 创新价值

Udesk提高了企业客服团队的服务效率，降低了运营团队的运营成本，帮助更多企业以低成本、更灵活的方式为客户提供优质的服务。目前Udesk的"全场景"能覆盖企业的获客、智能自助服务、售前服务、现场服务、电销、客户关怀回访、售后服务和企业内部服务，拥有语音机器人、客服机器人、云呼叫中心、工单管理系统、智能电销CRM、在线客服系统、智能质检、现场服务ServiceGo等产品，全面解决企业的全渠道客户服务与管理问题。

数本科技：
以智慧精益打造智能化工厂

摘要：智慧精益是一套针对精益生产智能化管理的解决方案。本案例由深圳市数本科技开发有限公司（以下简称"数本科技"）提供，其针对传统制造企业管理升级的难点与重点，将精益生产与智能制造理念相结合，通过精益工具、精益咨询、实训培训相融合，促使企业团队快速理解精益、认同精益并有效执行精益，从而提升企业精益水平、提高管理效能、强化知识经验沉淀并有效促进组织管理赋能，实现制造企业QCDPM（质量、成本、交期、效率、士气）等各项指标的全面提升。

关键词：智慧企业　精益生产　智能制造　智能化工厂

1. 背景说明

1.1 背景描述

当前，全球制造业正加速迈向数字化、智能化时代，智能制造成为全球制造业发展的重要方向，给人类经济和社会可持续发展展示了美好前景。近年来，我国相继出台《中国制造2025》《智能制造发展规划（2016-2020年）》《关于深化"互联网+先进制造业"发展工业互联网的指导意见》等系列政策文件，提出加快发展先进制造业，推动互联网、大数据、人工智能和实体经济深度融合的战略部署，实现制造强国的战略目标。

东莞市泰威电子有限公司（以下简称"泰威电子"）位于历史名城东莞市虎门镇，专注于精密耳机插座及连接器的研发、生产及销售。泰威电子起步于1998年，逐步应用了CAD、CAM、PDM、ERP等信息化系统，随着企业规模的不断扩大，生产管理的难度和复杂度不断上升，企业对精益生产、智能制造的需求越来越迫切，2012年开始泰威电子与数本科技合作，开启了智慧精益的探索。

1.2 需求痛点

管理简单粗放，管理人员素质不高，缺乏专业人才，缺乏有效方法；人员流动大，素质低，缺乏培养人才的方法；产品质量、成本、交期压力大，现场、过程管控难度大，生产数据滞后、不透明；客户账期长，自身库存积压影响现金流。

2. 创新描述

泰威电子智慧精益项目以管理为中心、以工具为抓手、以精益为目标，打造智能化工厂。在已有ERP系统的基础上导入智慧精益系统，实施MES生产监控、智慧巡线、智慧安灯、S-APS计划排产、QMS质量管理、智慧TPM、E-SOP、高效班组、智慧精益中控室等，实现了生产过程的标准化、精益化、数字化、智能化，大大提升了企业的核心竞争优势。该项目将精益生产与智能制造理念相结合，以精益生产为基础，利用具有深厚知识沉淀的智慧精益工具，直接解决痛点问题；同时建立智慧精益中控室，实时记录、监控、调度生产现场状态，生产数据真实、透明，管理精细化，并应用大数据实现持续改善、经营分析等。

3. 项目操盘节奏

3.1 案例实施的步骤

3.1.1 整体规划

泰威电子智慧精益系统包括三层架构，数据来源层、精益工具层和数据库层。其中生产的实时数据既有来源于ERP、MES等系统，也有来源于设备系统的自动采集，也可以通过扫描二维码录入、人工录入；精益工具主要是一些固化了精益知识和优化流程的信息化系统；数据库层将系统运行过程中的数据进行分析、统计、沉淀，形成KPI指标、案例知识库和任务安排。

3.1.2 建设智慧精益中控室：

完成运营管理的中心枢纽建设；

可快速了解现场的人、机、料、法、环的实时管理运行状态；

可以清晰地看到各部门的KPI指标达成结果，并且实时更新；

机台的实时运行状况、各工序异常处理情况等指标参数由系统自动采集；

部门管理人员处理问题的紧迫感大大提升，数据公开透明化，问题责任清晰；

在中控室，数据透明化，给客户带来信任感。

3.1.3 建立工位智能管理中心

各岗位作业指导书通过工位管理看板循环滚动展示，产品型号、作业工序一目了然，并且关键岗位或稍微复杂一点的工序有视频指导；实行员工葡萄图管理，葡萄图上有员工照片、每日的得分情况、每一个员工的业绩及平时表现；生产实时报表展示，数据实时更新后可以在整个系统平台共享。

STD 智慧精益中控室

3.1.4 建立自动线智能管理中心

实施智慧安灯及智慧 TPM，实现生产线的异常管理和市场设备的全面管理。智慧安灯中可预录各种设备可能出现的问题，为每个问题设定解决责任人，当设备或者生产现场出现异常，点击直接呼叫，责任人通过所佩戴的腕表接收异常通知以及问题详情，第一时间到达现场解决问题。解决记录生成案例库，将经验转化为公司资源。智慧 TPM 主要用于设备点检、维护，通过将点检、维护的标准、时间预先录入，解决了操作规范的问题，每项标准的点检必须留下文字或者照片记录，有效解决了点检、维护形式化的问题。

3.1.5 建立班组智能管理中心

建立高效班组会系统，将每日班组会的流程标准化，避免会议效果受班组长个人水平所限制,而且与工单管理、巡线系统进行对接,自动显示生产计划和巡线问题,班组长预先录入生产指示、问题检讨、激励口号,目标明确、表达清晰。

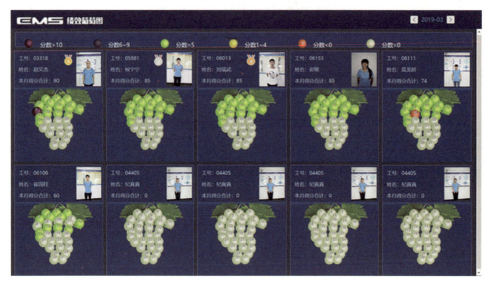

STD 绩效葡萄图界面图

智慧安灯 Wed 端主界面图

3.1.6 应用设备管理系统

设备管理系统将设备管理、模具管理与工单系统对接。生产前，设备管理系统通过工单数量调配物料，查看所需模具状态，做到提前准备，缩短工单开始时间，提高完成效率。生产中，设备管理系统监控设备工作状态和产量，出现异常可以快速反应，快速解决。生产后，回顾生产的标准 C/T，订单达成率，依据数据对生产过程进行改善。

3.2 阶段性收获

通过系统各个模块间的相互衔接将物料、生产、品质、设备、人员等问题归集于闭环，让问题形成闭环，达到持续改善的目的，主要收获体现在以下几个方面：

数据：自动采集，准确、及时、信息同步、透明；

KPI：实时、自动产生、准确推送给需要关注的岗位；

任务：自动汇总、格式标准、自动推送给责任人、强制闭环管理；

流程：标准化、固化；

知识：将个人经验固化为公司的财富，降低对技术和管理者的要求；

目标：UPPH 提升 10%，不良率下降 10%，损失工时下降 30%；

技术：构建一套生产管理运营技术流程，让智慧精益系统在技术上解决落地难题；

人员：人员在线学习，提升智慧精益工具使用技能；

系统：问题闭环，为企业提供持续改善动力。

4. 市场应用及展望

数本科技智慧精益解决方案基于十多年来三百多家企业的精益咨询经验积累和知识沉淀，基于云端应用、微服务架构的工业 SaaS 或工业 APP，聚焦解决制造业实际问题，具有标准化、模块化、通用性强、低成本、快速部署的特点，目前已经广泛应用于家电制造、电子制造、家具制造等行业领域，可以适应冲压、注塑、SMT、DIP 及组装装配等工艺环节，可以有效解决企业在生产制造中存在的计划混乱、制造产能浪费、质量不稳定、工艺问题多、人员难管理以及设备保养差等痛点问题，帮助企业实现智能生产的转型升级。

未来，数本科技将进一步深化智慧精益系统的研发和应用，形成智慧精益知识的沉淀、传播、复用和价值创造，开展知识增值服务，进一步打造"知识服务平台"和"资源共享平台"，帮助中国制造企业实现智能化工厂的转型升级，在国家推动"中国制造 2025"和深化"互联网+先进制造业"的进程中做好应用实践，起到示范作用，助力实现中国制造强国的战略目标。

编委会点评

1. 社会效益

数本科技致力于为制造企业提供智能制造、精益咨询和人才培养的综合解决方案，以精益运营为目标，帮助企业实现智能制造的转型升级，为企业带来最大利润与效益。工业智能化的发展，需要在精益运营、自动化、信息化之上再做更加全局的优化。精益运营是未来更大规模工业智能化的前提，通过更为全局的模型，令市场环节、工艺设计环节、供应链环节、生产制造环节协同运营，形成整体的基于设备状态、生产订单、能源消耗、财务成本等共同构成的"最优解决方案"。

2. 创新价值

数本科技通过"标准化、精益化、数字化、智能化"的路径来推进智慧精益，遵循"整体策划、分步实施、拉动式前进"的基本策略，从生产领域扩展到研发、营销领域，逐步实现智能化的目标。

标准化。标准化包括产品的标准化、模块化设计，这是实现自动化的基础，是实现精益生产的基础，也是实现个性化定制的基础。产品标准化以后，还需要进行工艺的标准化，管理流程的标准化，甚至包括员工培养的标准化。

精益化。精益化主要通过工业工程技术去实现，小到动作的优化，大到流程的优化、工厂布局的优化等，这些是实现智能化的基础。

数字化。对企业的基本流程内容实现数字化、信息化，包括人员、设备、物料、工艺、环境等，以数字化固化和沉淀精益化的优化流程。

智能化。智能化也是一个循序渐进的过程，对中小企业来说可以从利用智慧精益工具入手，做到少花钱、见效快。

悉见科技：
MR 数字孪生城市空间信息引擎

摘要： Eonivars 项目起步于 2016 年，由北京悉见科技有限公司（以下简称"悉见科技"）研发打造。作为下一代信息技术——空间互联网与场景信息引擎，本项目帮助用户/开发者自助采集任意场景，创建平行世界；孵化多场景虚实融合商业超级爆品，为购物中心打造下一代游戏化电商；为 5G 超级应用如游戏、直播、视频、社交等提供 MR 引擎服务。

关键词： MR 数字孪生　信息引擎　空间互联网

1. 背景说明

1.1 AR/MR 与互联网的本质

互联网的本质是用户信息检索与信息消费的效率提升与体验变革。PC 互联网时代（1995—2010 年）通过一维信息流量分发与信息消费引擎服务用户，如 Yahoo 的门户应用、Google 的搜索功能。移动互联网时代（2010—2020 年），信息媒介与引擎升级为二维，如字节跳动的抖音/今日头条、快手、拼多多、美团、淘宝等的 LBS 与推荐算法。

而在超大场景三维视觉空间计算、5G 全面商用、消费级 AR 眼镜普及的三级火箭推进下，第三代互联网正在全面到来。人类获取信息的 83% 来源于视觉，空间互联网时代（2020—2030 年），信息媒介与引擎必然是三维的，

一维信息流量分发时代　　二维信息流量分发时代　　三维信息流量分发时代
PC 互联网 1995—2010 年　移动互联网 2010—2020 年　空间互联网 2020—2030 年

基于每个人的消费级摄像头（手机/AR 眼镜）实时环境计算，更精准高效地获取与使用信息。人类来到前所未有的更智能便捷地检索和使用信息的时代，线上线下的完全打通与融合也将带来比传统互联网更大的价值规模。

1.2 B 端市场需求觉醒

有观点认为，在互联网的下半场，或将出现两大趋势：一是技术升级，人工智能、AR 等技术将会成为主流；二是流量瓶颈之下，TOB 业务增速明显。实际上，这不只是互联网公司的战略转移，更多的是许多 B 端企业的战略转移，他们已经发现前沿科技是其降本增效、提升效益的关键所在。有数据显示，产业互联网规模或将远超消费互联网，预计在 2025 年将达到 40 万亿—50 万亿元，而当前消费互联网的规模只有 8.42 万亿元。其中以 AR 为代表的前沿科技将成为最受关注的焦点之一。

1.3 5G 释放 AR 更多潜能

5G 与 AR 的结合，或将打开一个超级风口。要想了解这个超级风口到底有多"疯狂"，就要首先知道 5G 时代与现在有哪些不同：

网速飞跃，5G 网络频率更高、带宽更大，是 4G 的 20 倍；用户体验速率可达 1Gbps 以上，是 4G 的 100 倍；

延迟缩小；

设备连接密度提升 10—100 倍，支持每平方公里 100 万台设备的连接；

流量密度提升 100—1000 倍，达到每平方公里每秒数十太比特；

移动性、稳定性、网络均匀性等其他性能均有所提高。

网络传输能力的革命性突破，不仅仅是网速提升这样简单，还将为 AR 的技术革新、算法算力的突破带来更多可能：

消除延迟带来的不良体验：延迟会导致体验的不连贯，大大削弱 AR 技术的体验效果，借助于 5G，AR 体验中由时延所带来的负面影响得以消除，大大提升体验感受及作业效率。

"云计算"成为可能：AR 的应用对实时性和计算的要求很高。产业界很早之前就想将运算能力放到云端实现，可是由于现阶段 4G 网络速率、能耗和延迟的问题，尚不能实现这一设想。而 5G 高速、稳定、低延迟的特点，将使现存问题迎刃而解，使计算能力呈指数级增长。

设备轻量化、无线化："AR+ 5G"云，将大大降低 AR 对用户终端硬件性能的要求。这就使得 AR 厂商得以制造更加接近现有眼镜重量、无须再借助分体机和烦人的数据线即可通过云端实现更多 AR 交互功能的智能眼镜。

2. 创新描述

悉见科技是一家专注于三维视觉数字孪生与混合现实交互的人工智能公

司，全球 MR 地图与全场景时空智能引擎的引领者，致力于打造连接现实与数字世界的 5G 混合现实数字孪生基础设施，以全新的信息引擎为线下智慧城市、商业、文旅、园区及线上游戏、直播、视频、社交等场景赋能，全面建设 MR 数字孪生平行世界。

Eonivars 是通过计算机视觉技术重建视觉高精地图，建立数字世界和物理世界的映射关系，从而使得数字世界可以精准地融合在真实的物理世界中。

2.1 消费级采图设备

Eonivars-MR 数字孪生的高精地图重建过程依赖计算机视觉技术，其所需要的原始数据只有 RGB 图像数据，不需要昂贵的测绘级设备进行数据采集，只需要消费级的相机设备进行采集即可，因此可以在确保采集效率的基础上极大地降低采集的成本。

2.2 大场景视觉高精地图重建

特征提取技术基于悉见科技深度学习的提取方法进行，会考虑环境上下文的语义信息，对环境光线、图像噪声以及视角改变的容忍度相当高，具有很强的鲁棒性，可以应对超大规模场景、重复性高的场景以及低光度场景等公认具有挑战性的环境，具备强大的室内外大场景的视觉高精地图重建的能力。

2.3 轻松创建平行世界

手机轻松扫一扫，就能获得自己的混合现实高精地图，通过简单拖拽，无须专业知识即可创造自己的混合现实场景，几分钟轻松创建自己的 MR 数字孪生平行世界。

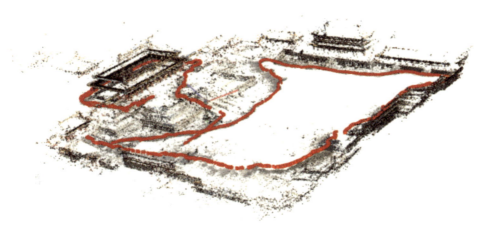

故宫太和殿前广场重建地图

3. 项目操盘节奏

3.1 MR 数字孪生城市

该项目可以在展厅等区域将大屏改造为智慧屏幕作为展示界面,将智慧城市的各类数据进行 3D 可视化呈现。观众可进行全景视角浏览,演示人员可通过 PAD 切换展示单元,与智屏互动,对智慧城市的交通、环境、信息化、功能配套等各方面从全局总览到局部微观进行全方位讲解。

3.2 MR 商场守护者

项目通过对购物中心等线下商业场景进行 MR 数字孪生基座的采集重建,建立物理空间的数字孪生世界映射,进而在其中创作有趣的逛街、消费、社交、互娱体验,让消费者可以通过手机 APP 等 MR 交互终端,在真实场景访问虚实融合的商业互娱平行世界,打通会员积分、品牌营销与商业闭环,通过 MR 场景智能引擎及全新信息交互方式,让线下商业可以像游戏一样运营。

3.3 MR 数字孪生景区

项目通过在现实景区 / 乐园中创建 MR 数字孪生文旅互娱平行世界，低成本、无须物理改造，即可让景区像游戏一样好玩并且可运营，让景区增加多种营收，促进游客与景区建立常态连接。游客通过终端摄像头识别环境后，即可观看虚拟信息（文字、图片、模型、三维场景动画等），与景区真实环境融为一体，可与历史人物 / 神话传说人物等进行全方位自由互动，如同穿越到历史神话场景中，享受沉浸有趣的游览体验。

3.4 MR 数字孪生园区

项目在园区现实空间中创建 MR 数字孪生平行世界，用户通过终端摄像头实时完成空间定位，即可开启 MR 数字孪生园区体验，观看虚拟的三维信息展示，深入了解园区文化、园区运营状态，与园区元素进行互动，包含 MR 导航、MR 导览等。

3.5 MR 数字孪生展馆

用户通过终端摄像头实时完成空间定位，即可开启 MR 数字孪生展馆体验。体验内容包含虚拟讲解员、MR 导航、MR 导览等，支持多类型展品展示，支持作业流程展示等，用户可与展示内容进行互动，深入了解展品。

3.6 MR 数字孪生沙盘

项目通过数据采集重建将传统沙盘进行 MR 数字孪生智能升级，将虚拟内容与实体沙盘高度融合，讲解人员可在现场端直接通过 PAD 对沙盘进行全方位讲解，也可通过主流直播会议平台，将讲解画面实时同步给远端客户，实现 1 对 1、1 对多演示，体验更直观，让人印象更深刻，大幅提高销售转化率。

4. 市场应用及展望

目前，悉见科技已与通信运营商、互联网平台、商业地产集团、优秀品牌商等多场景下的100余家企业达成合作，内容涵盖智慧城市、商业、文旅、园区等众多领域，并在欧洲、北美、日本等海外市场成功开展合作，目前还有多家客户与悉见科技达成合作意向，更多项目在落地推进当中。落地方向包括：

开发者：提供便捷的采图、开发平台，便于开发者创造无限可行性；

智慧城市：打破信息孤岛，多元数据集中展示，助力城市形象升级；

智慧展厅：突破时空界限，实现场景化体验，增强参展乐趣，提升参展效率；

智慧商场：实现商铺与用户深度互动转化，大幅提升商场用户收益；

智慧景区：为用户提供沉浸式体验，实现有效引流和促进营收；

智慧园区：用户可以观看虚拟的三维信息展示，深入了解园区文化、园区运营状态，与园区元素进行互动，提高园区互动性；

Eonivars 赋能智慧城市、商业、园区、景区等多个领域

智慧沙盘：将虚拟内容与实体沙盘高度融合，支持实时同步展示给远端客户，提高讲盘效率。

随着 5G 时代的临近，作为 AR 的最后一块拼图，悉见 Eonivars 空间互联网信息引擎服务正在全球规模化展开，旨在将 MR 内容应用于各种场景，为用户带来全新的混合现实体验。未来空间互联网信息引擎全面渗透线下场景与现实世界，虚实融合的 MR 数字孪生信息全场景应用将无处不在，商业价值巨大。5G 空间互联网激活线下数字孪生虚实融合场景，创造多个万亿级市场。

编委会点评

1. 社会效益

基础技术的发展离不开行业先行者在应用场景上的探索。AR 技术及 AR 硬件是发展中的技术，悉见科技选择的路径是从 B 端市场切入，这是支持基础技术落地的最短和最有效路径。悉见 Eonivars 空间互联网信息引擎，作为 5G 时代连接现实与物理世界的数字孪生基础设施，助力 5G 新基建，为线下智慧城市、商业、文旅、园区及线上游戏、直播、视频、社交等场景赋能，全面建设未来城市。

2. 创新价值

Eonivars 项目经过多年的积累，采用了先进的三维视觉技术，结合最新的基于深度神经网络的技术进展，可以应对超大规模场景、重复性高的场景以及低光度场景等公认具有挑战性的环境，采用分布式并行化的建图技术，将海量的原始数据分割为多块分别处理。Eonivars 项目既可以为开发者提供好用的 MR 平行世界智能中台，又可以赋能多种不同场景，提供场景产品方案服务，同时支持多种场景通用组件，高效"积木式"搭建 MR 数字孪生场景。

易航科技：
海南省政务大数据体系建设

摘要： 本项目起步于 2007 年，由海航集团旗下的信息技术综合服务企业易航科技股份有限公司（以下简称"易航科技"）负责承建，其建设经历了共享起步、统筹完善、全面应用三个阶段，逐步建立起包括数据共享交换平台、信息资源目录体系、政务大数据公共服务平台等在内的政务大数据生态体系，形成点面结合、交换顺畅、利用高效的数据治理结构，打破了数据壁垒，消除了"信息孤岛"，解决了全省政务信息系统建设"蜂窝煤"问题，实现了跨部门、跨系统、跨平台的信息共享和业务协同。

关键词： 政务大数据　现代化政府治理　创新转型

1. 创新描述

截至目前，海南省已经完成了政务大数据公共服务平台一期工程、省级数据共享交换平台、信息资源目录管理平台、数据开放平台以及人口库、法人库等基础数据库建设，全面支撑了全省的信息共享与业务协同。

基础数据统一整合：人口库涉及婚姻、社保、教育、医疗、救助等 27 类信息资源，法人库涉及工商、质监、地税、国税、社保、财政等领域 31 类信息资源。

共享交换成效显著：省级共享交换平台已经对接了近 40 个部门的 588 个信息系统，共享率达到 100%，平均每天的信息交换量达 60 多万条次。

业务协同支撑得力：能为政府跨部门的协同应用提供数据共享、数据交换、接口查询三大服务，支撑了超过 30 个部门的 40 多个业务应用。

2. 背景说明

2006 年，根据国家信息化领导小组《国家电子政务总体框架》和《海南省电子政务"十一五"发展规划》，海南省启动省电子政务外网（一期）工程建设，其中，省数据共享交换平台是电子政务外网建设的重要内容，目标是为海南省各级国家机关信息资源的交换和共享提供统一平台，建设企业法人基础信息数据库、人口基础信息数据库、空间地理基础信息数据库以及宏观经济基础信息数据库四大基础数据库，促进政府各部门现有资源的整合和共享，实现全省数据大集中。

2015 年，根据《海南省信息化条例》和《海南省政务信息资源共享管理办法》相关要求，为促进海南政务信息资源共享和业务协同，海南省开展了资源目录和交换体系建设，使各级信息的使用者在各自的权限内获取全面、准确的信息。

2016 年，为贯彻落实国务院《促进大数据发展行动纲要》，将大数据作为"十三五"经济社会主要发展产业，海南省制定了一系列大政方针和实施规划。

3. 项目操盘节奏

3.1 第一阶段：海南省数据共享交换初显雏形

3.1.1 省级数据共享交换平台建成

电子政务外网（一期）工程主要进行数据共享交换平台基础设施的建设，

并在数据共享交换平台之上先实现省财政厅、省地税局、省国税局、省工商局、省社保局、省组织机构代码中心等单位现有与法人单位相关数据的交换

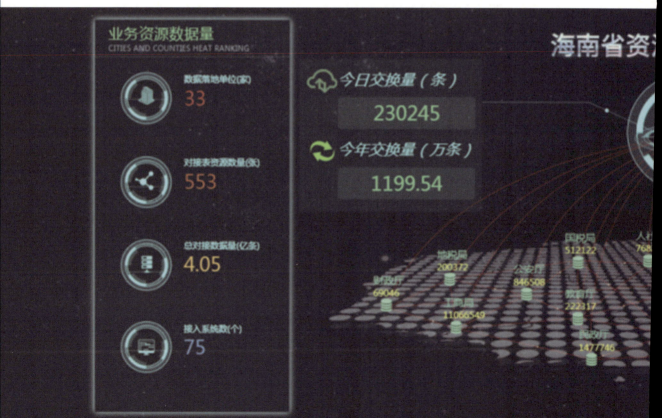

与共享。未来电子政务外网工程将逐步扩展到人口基础信息库、宏观经济库、空间地理信息数据库、政务综合信息库等应用。

海南省资源共享建设成果展示

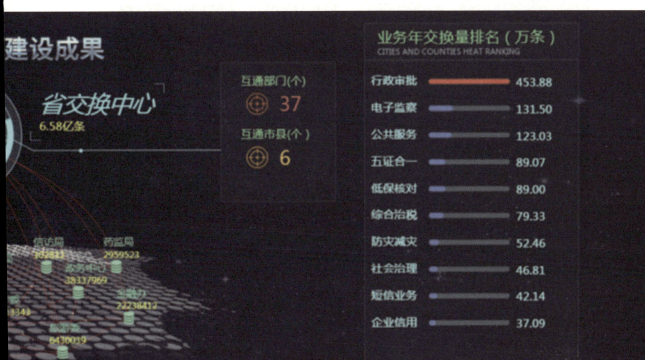

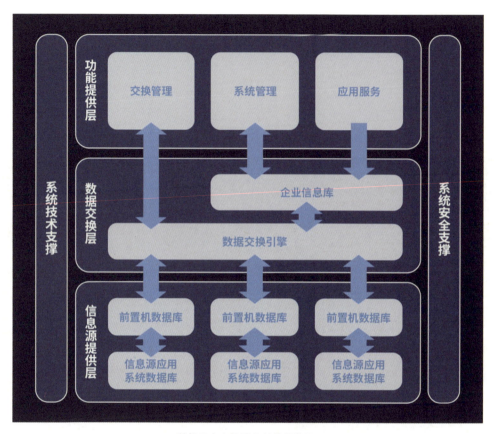

数据共享交换平台总体框架图

海南省电子政务外网数据共享交换平台的总体架构可以概括为"三个层次，两个支撑，一个平台"。"三个层次"即"信息源提供层""数据交换层""功能提供层"；"两个支撑"即"系统技术支撑"和"系统安全支撑"；"一个平台"即数据共享交换平台。

3.1.2 整合并形成政府四大基础数据库

根据《国家电子政务总体框架》及《海南省电子政务"十一五"发展规划》要求，数据共享交换平台建设内容为把政府相关部门关于人口、企业单位、空间地理、宏观经济等基础的、公共的信息进行整合并形成政府四大基础数据库，同时结合海南省政府工作需要对其他信息资源整合形成政府综合类信息库，统一存放在政府数据中心机房进行运行管理，并按照安全管理和访问控制要求提供给全省共享。截至目前，企业法人基础信息数据库和人口基础信息数据库已经由易航科技建成投入使用。

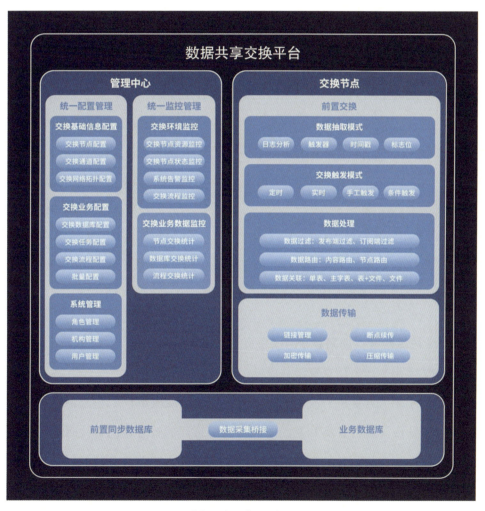

数据共享交换平台架构

3.1.3 建成海南省数据共享交换平台

数据共享交换平台主要由两大功能模块组成,分别是管理中心、交换节点。

3.1.4 阶段性成果

(1)海南省企业法人基础信息数据库

截至 2016 年 6 月,企业法人基础信息数据库涵盖 31 类信息资源,覆盖 92 万余户法人主体。通过数据比对,政府可以及时发现和堵塞市场监管漏洞,促进财税增收,实现了市场主体商事改革,实现了"一证一码"的业务改革。

(2)海南省人口基础信息数据库

截至 2016 年 6 月,海南省人口基础信息数据库涵盖公安、卫计委、人社、教育、住建、民政等 27 类信息资源,基本涵盖常住户籍人口和外来人口信息。其支撑的重点业务包括省卫计委"两证同发"、省民政厅"低保家庭收入核查"等业务。

(3)海南省数据共享交换平台

数据共享交换平台截至目前已与 37 家单位实现互联互通,信息共享率达到 100%。

3.2 第二阶段:海南省政务信息资源目录体系建立

3.2.1 海南省政务信息资源共享推进工程

建设政务信息资源目录体系,对分散在各级政务部门、各领域、各地区的政务信息资源进行分类和组织形成可统一管理的政务信息资源目录,为政务工作提供统一的政务信息资源发现和定位服务,实现政务部门间信息资源共享交换、构建政务信息资源管理体系。

3.2.2 阶段性成果

2015年10月起，海南省信息化建设领导小组办公室分两批发布了政务信息资源共享目录，主要涉及企业法人和人口基础信息，基于海南省电子政务数据共享交换平台为全省政务部门提供信息资源共享服务，覆盖了37个省级部门共享目录，共297项信息资源。

建设了信息资源目录系统，各单位可通过电子政务外网访问省电子政务数据共享交换平台，结合政务信息资源目录查看和使用共享信息。

3.3 第三阶段：海南省政务大数据公共服务平台建成

3.3.1 海南省政务大数据公共服务平台建设

自2016年起，海南省以政务大数据公共服务平台建设为基础，立足创新，不断深化大数据在经济发展、民生服务、城市管理、政府治理等方面的广泛应用，充分释放数据活力。

3.3.2 阶段性成果

海南省政务大数据公共服务平台建设，从数据采集、数据整合、数据治理、数据存储、数据融合、数据挖掘、数据服务几个维度进行划分，形成了多方采集、共享交换、数据集成、示范应用等立体化数据服务体系。

平台对内实现了政府内部各个委办局之间的数据交换共享，打通内部数据壁垒，破除数据孤岛，实现数据在体系内部的自由流转，降低数据信息沟通成本，提高各委办局协同办事效率；对外面向企业、个人、机构实现数据开放和共享，推动开发者利用数据进行城市管理和民生行业的各类智慧应用开发。同时该平台和当地的孵化器相结合，为企业提供创业投资基金、办公场地等产业发展的后续服务，有效支撑企业创新创业活动，为创新创业提供土壤和平台。

4. 市场应用及展望

4.1 大数据创新应用

4.1.1 海南省民政部门"两证同发"业务

政务大数据的建设，实现了人口计生委与民政部门的数据共享与协调，

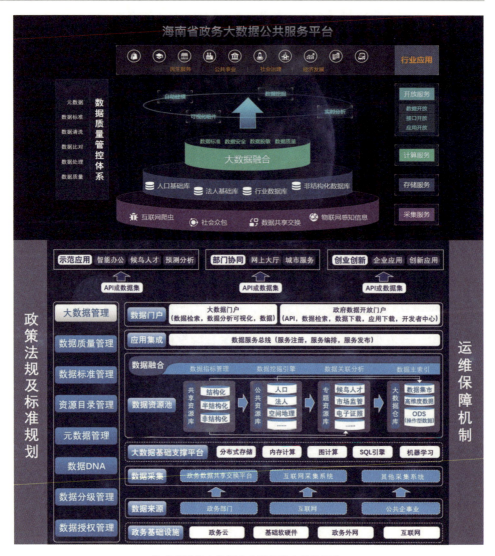

海南省政务大数据公共服务平台总体架构

实现了居民基本身份信息与民政婚姻信息、生育信息的协同,从而支撑民政部门的"两证同发"业务,即居民在办理结婚登记时,可以同时申领"结婚证"与"一孩生育服务证"。

4.1.2 海南省民政大数据及低保核对

海南省民政部门通过政务大数据公共服务平台,实现工商、税务、住建、社保、金融机构等多部门的数据共享交换,通过综合比对,有效判断低保受领人群是否符合申领低保金的条件,真贫假贫一查便知,保证了民政帮扶资金的精准投放,实现社会救助公平、公正。

4.1.3 互联网+防灾减灾平台

海南省8、9月份台风灾害多发,本项目为海南省气象局三防信息服务网提供了有效的数据交换和数据协同服务,为三防部门分析防灾资源配置、有效应对台风自然灾害提供决策依据。

4.2 未来展望

未来的海南省将凭借政务数据资源基础,充分发挥信息时代技术应用普适性带来的外溢效应,将AI与大数据结合,促进政府决策引擎"智慧大脑"的形成,进一步在应急、城市管理、旅游、环保等领域形成事前预警预判、事中指挥响应、事后反馈优化的数据应用创新机制和创新模式,使得海南省在新的历史机遇下,以数据驱动保驾护航,百尺竿头更进一步。

编委会点评

1. 社会效益

海南省作为唯一的省级经济特区，有着独特优势，可以统筹省市县资源，打造数据驱动的数字政府，推动数字技术与政府管理的广泛深度融合，优化政务业务流程，提升政府行政效能，实现高效透明的政府治理，使政府运行效率与数字经济的快速发展相匹配。在智慧城市的基础上，海南省应该大力建设智慧岛、智慧省，由点到面，大胆创新，从数字经济出发，探索行政体制改革的路径和方法，从而为其他省市提供宝贵的"海南经验"。易航科技在海南全省的政务大数据系统项目上的探索，也是海南经验的一项宝贵结晶。

2. 创新价值

海南政务大数据体系采用了全省统筹建设、数据分级利用的方式循序渐进地推进，即各部门先进行数据集中，再与省级主管部门业务系统进行对接，夯实政务数据基础。这样由下而上的步骤设计，有利于分项梳理、打通数据环节，在统一的顶层架构和数据库结构指引下，实现数据的流转和分布式存储。

象辑科技：
气象应用场景的 MLOGData 大数据平台

摘要：由象辑知源（武汉）科技有限公司（以下简称"象辑科技"）自主研发的 MLOGData 大数据平台是一个企业级大数据综合开发管理平台，基于大数据、云计算技术构建，对气象和工业互联网行业进行深度融合，为企业大数据、机器学习应用提供完整的基础设施解决方案。MLOGData 大数据平台能够帮助企业快速构建大数据及机器学习应用与开发环境，降低运维成本、提升开发效率。平台提供了从数据采集、数据存储、数据分析、在线查询分析、数据仓库、数据可视化、在线数据实验、算法融合、流程调度到最终的数据服务的一系列应用场景。

关键词：云计算　气象大数据　工业互联网

1. 背景说明

1.1 国家战略推动大数据发展

2015 年 8 月 19 日，国务院总理李克强主持召开国务院常务会议，通过《促进大数据发展行动纲要》（以下简称《行动纲要》）。2015 年 8 月 31 日，国务院《关于印发促进大数据发展行动纲要的通知》正式发布，在全社会引起广泛影响。《行动纲要》指出，到 2020 年，形成一批具有国际竞争力的大数据处理、分析、可视化软件和硬件支撑平台等产品。次年，《全国气象发展

"十三五"规划》正式发布,提出要"提升气象现代化水平""落实国家'互联网+'行动和大数据发展战略,推进云计算、大数据、物联网、移动互联网等技术的气象应用",将"建立开放互联的气象大数据平台"纳入"气象信息化系统工程"。气象大数据平台建设工作得到了国家大力支持。

1.2 气象数据相关业务面临诸多瓶颈

以气象数据行业为例,以数据为业务关键环节的行业领域存在诸多瓶颈。

一是业务流程散。不同的业务由不同系统实现,造成系统林立、业务流程分散,系统无法对业务流程更改做出及时响应。

二是数据孤岛多。数据虽然由信息中心统一管理,但在气象台等业务单位用于不同场景时,往往需要根据使用需要建立独立数据环境,形成很多小而散的数据孤岛,这些孤岛造成数据管理困难、建设成本高、业务负担重、运维复杂等问题。

三是数据加工弱。无统一的数据加工环境,数据处理模块重复开发,相互之间共享程度低;离线数据无法与在线数据统一处理,大量离线数据处理起来非常困难。

四是数据监控难。数据中转节点多,追溯复杂,难以监控。

1.3 气象数据采集技术发展迅速

气象数据采集和处理的目的,是在对资料数据整理、分析和挖掘的过程中,得到对数据变化规律的认识,并将规律性的结论以数据模型的方式加以描述,通过数据计算,实现对人类生存环境未来状态的预报和预估。

伴随航空器、观测站、地面接收设备、便携式气象信息采集装置等气象数据获取途径日益丰富，以及数据采集细粒度和实效性得到大幅改进和优化，气象数据接近满足理想数据处理与计算的实际要求；同时云计算技术的发展掀起技术革命，数据量的激增和技术的日趋完善都将为气象数据的商业应用创造现实基础。

在这样的背景下，MLOGData 大数据平台的推出迎合技术的发展，并将逐步为气象周边数据应用提供平台层面的支持，从而进一步提升 MLOGData 大数据平台的应用价值。

2. 创新描述

2.1 文件及数据仓库

非结构化数据存储：分布式文件存储及对象存储，支持 PB 级非结构化数据的存储管理，具有良好的横向可扩展性及高可用性；提供数据归档，有效降低用户成本，实现冷数据的压缩归档；用户可根据实际需求设定数据归档策略，提升业务效益。

结构化数据存储：支持 TB 到 PB 级结构化数据的存储，并具有良好的查询性能，可实现单表百亿级数据查询秒级响应；可满足长时间序列（分钟、小时）级别站点数据的秒级响应，可以用于数据预报文件的解析、入库和查询。

2.2 海量数据计算

MLOGData 大数据平台利用云计算技术，构建存储、计算于一体的环境，支持 Python、Java 等主流语言运行环境，通过调用 Spark 及 MapReduce 完成各类大数据计算任务，实现将大数据的管理和应用作为基础资源便捷调用，简化了数据资源整体拥有成本和使用成本，并可以加速业务上线部署。平台

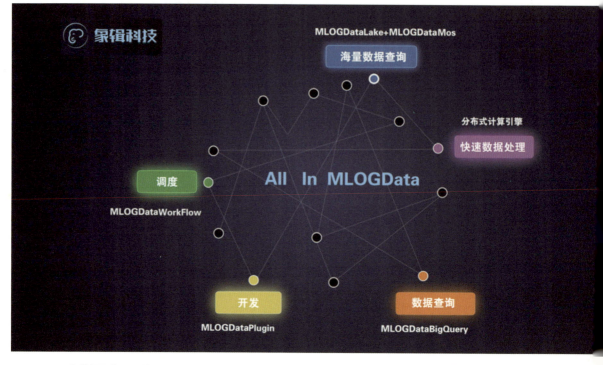

MLOGData 大数据平台主要特征

集合各类资源且具备可扩展性,满足业务长期开展的需要。

2.3 丰富的专业算法集成

无论简单或复杂的业务应用场景,都以数据和算法为核心驱动,MLOGData 大数据平台作为算法平台可提供多行业、多场景的算法插件。用户可通过二次修改、直接调用及自定义上传等方式完成业务功能的实现,并支持插件流程编排。平台内置主流程序运行环境及专业气象类软件工具包,支持 Python、Java 等语言执行编译,用户无须部署环境即可完成业务应用程序接入算法平台工作。

3. 项目操盘节奏

3.1 项目发展进程

大数据平台作为象辑科技内部数据支撑平台，最初于 2015 年开始筹备建设，同年 10 月建成 MMDP 气象大数据平台；2016 年 10 月象辑科技独立封装气象数据图层 DSDK 工具包，为中小企业提供商业智能气象 DaaS 服务；2018 年 1 月正式发布气象大数据平台，开始对外提供大数据平台应用服务，进入商业化服务阶段；2018 年中，正式升级为 MLOGData 大数据平台。

3.2 项目应用实例

3.2.1 应用描述

（1）MLOGData 大数据平台作为公司底层技术支撑平台，自公司成立以来平稳支撑公司业务运行，并独立支撑数个外部单位大数据项目的建设。

（2）在某省级气象部门的 CIMISS 项目建设中，通过远程安装部署的 MLOGData 大数据平台，可提供数据存储服务、数据库服务、数据查询服务、插件计算服务、数据监控与管理服务等，帮助该省建立统一的预报预测服务数据环境，实现业务流程的标准化，完成数据、业务应用核心资源整合。

（3）位于我国某省的某海上风电基地，出海的运维船需要 1 个小时左右才可抵达海上风电场，出海成本高、人员安全风险大。据研究表明，海上风电项目的年运维费用约为 46 000 美元/（MW·年），约为陆上年运维费用的 2.7 倍，数据种类繁多、来源不一、出海运维缺乏科学支撑等问题突出。因此，该风电基地亟须对海上风电调度管理的多源数据进行高效管理和应用，并搭建智慧调度平台，科学制定出海运维计划，降低运维成本，实现出海人员安全管理。

通过与海上风电场运维管理工作的深度结合，基于 MLOGData 大数据平台对数据管理和应用的高效支撑，搭建海上风电智慧调度平台，集中管理气象、海洋、风电场海域、船舶、风机、运维人员等数据，建立了标准化的运维工作流程和组件，已基本满足海上风电运维管理需求，实现了基于精细化气象海洋预报技术的海域预警和出海计划制定等功能，避免盲目出海运维带来的不必要的成本支出，有利于提高风电场运维工作效率、降低运维风险、减少运维成本。

3.2.2 阶段性成果

（1）针对农业气象服务实现业务集中

MLOGData 大数据平台为某客户相关业务服务提供各类数据及应用支持，优化气象服务业务流程，提高管理效率，提高客户对气象数据价值的挖

掘能力。基于该客户信息中心虚拟化资源池互联网 DMZ 区，构建省市县服务产品资源池，建立统一的数据访问接口，实现服务数据的可伸缩管理；实现对多级信息和服务产品的分发；针对设施农业和特色农业，建设农业信息精准服务系统；利用新媒体技术，开展面向农业新型经营主体、基于智能终端的农业全生产链的直通式气象服务。

（2）针对商业气象服务提升服务效益

MLOGData 大数据平台部署在某公司内部，稳定运行超过 2 年，系统总可用性达到 99.99%。MLOGData 大数据平台相关技术和产品获得多项软件著作权和多项专利，同时经过不断推广，MLOGData 大数据平台面向能源、气象、金融、零售等多个领域的客户，逐步实现商业化部署。

海上风电智慧调度平台

4. 市场应用及展望

在商业保险、民航及通航、农险、海上风电、交通能源、光伏发电等诸多领域，商业气象都存在无限的价值点，且在数据及技术的支撑下，各个领域亟待解决的问题都将得到切实可行的解决方案。

依托商业气象服务的背景，MLOGData 大数据平台以气象数据为市场切入点，逐步寻求在其他社会经济领域取得应用支点，进一步拓宽服务群体，并细化和巩固已有应用场景的功能组件，持续为客户带来便捷、高效的大数据平台级服务。

编委会点评

1. 社会效益

气象行业长时间以来采用分而治之的管理及执行办法，各地、各行政单位使用不同的技术手段支撑气象业务功能实现，效果参差不齐，且成本高昂。MLOGData 大数据平台借助"互联网 + 气象服务"的最佳手段，通过可靠的技术路径，设计出全新的气象大数据解决方案，为行业资源整合及商业气象发展提供良好驱动，并为政府和社会资本合作提供样本范例，激活气象数据的市场价值。

2. 创新价值

MLOGData 大数据平台创新性地采用基于云计算的平台设计理念，为用户提供集 IaaS（基础设计即服务）、DaaS（数据即服务）、PaaS（平台即服务）等多项功能于一体的一站式气象大数据服务，同时平台自带专业气象软件工具包及机器学习算法运行环境，在有效降低用户使用成本的同时，显著提高平台生产能力，为更多商业气象应用的实现提供便捷落地通道。

3. 应用场景

MLOGData 大数据平台面向全行业提供大数据应用解决方案，目前已经在 GIS、气象、卫星、能源等领域实现落地应用，将逐步服务于智慧交通、智慧风电、智慧光伏、智慧农业等领域。

小库科技：
多维城市数据平台

摘要：当今社会，人类正在以前所未有的自由度来构建、汇集、整合和连接存在于任何地方的各类资源，这要求城市规划必须对科技变化和公众偏好作出快速而敏捷的反应，并且及时地进行内部调整。通过对现阶段我国城市规划、建设、管理方面存在的问题和研究成果进行梳理，深圳小库科技有限公司（以下简称"小库科技"）以人工智能、大数据、云计算技术为基础，结合城市规划设计的逻辑理论在其现有的智能设计云平台的基础上搭建了一个多维城市数据平台，帮助规划设计方感知公众与城市空间的关系，发现城市的潜在问题，辅助城市决策，同时量化和质化评估城市改善介入的成效，为城乡规划、城市管理运营提供一系列有效的解决方案，最终协助达成城市的智能化升级。

关键词：人工智能　大数据　产业互联网　智能规划　城市决策

1. 背景描述

随着国内经济发展和城市化水平的不断提高，城市规模迅速扩大，对城市建设规划、控制管理的要求也随之提升，2014年3月，中共中央、国务院印发的《国家新型城镇化规划（2014—2020年）》中，明确未来城镇化必然要走的创新化、信息化、协同化的发展路径。按照世界银行的估计，一个百万人口的城市，在投入不变的情况下，实现全面的智慧城市管理将能增加城市发展红利3倍左右。

目前的研究表明，我国城市的规划、设计、建设与发展，往往是在多种规划指导和多部门管理下进行的。受制于历史和现实的原因，目前的城市规划和发展，由于规划体系混乱、数据来源滞后、监测不直观等因素，严重制约了城市规划的科学性。其中，经济社会发展与城乡规划、土地利用、城市空间形态、市政建设之间的矛盾尤为突出。为了应对这一难题，小库科技提出通过城市维度上的大数据应用以及建立大型的智能规划算法模型来实现智能动态的城市规划设计及运营管理，将有助于最终实现城市健康、有机、创新的发展模式。

2. 创新描述

小库科技基于自有核心算法、技术及在规划设计行业的实践经验，搭建多维城市数据平台，帮助相关部门、机构科学、高效地完成城市规划设计和城市决策管理。

2.1 城市规划数据统一整合

小库科技多维城市数据平台通过地理信息数据挖掘、整合合作方数据等途径获取城市业态分布、区域人流量、区位状况等城市规划相关的各类信息，并把数据与三维城市模型结合呈现，实现城市规划设计由二维向三维，由依托离散小数据向依托集中大数据的转变。同时平台通过动态数据更新机制，直观明了地呈现城市建设发展的实时情况，解决长期以来困惑城市规划的"规划冲突""城市面貌"问题，实现城市规划精细化和城市各项资源统筹利用。

2.2 机器学习算法辅助决策

为了充分发展城市大数据的作用，多维城市数据平台采用合适的机器学习算法挖掘城市数据中潜在的模式、规律等，从而发现城市区域中潜在的问题。

同时，平台以诊断结果为指导，借助深度学习、最优化算法等在限定条件内快速生成多个规划、设计方案，并优选出满足各项指标和规范的九个以上的推荐方案，实现城市规划设计的高效智能化。

2.3 模拟数据准确推演方案

多维城市数据平台通过数据挖掘对人流、车流的行为变化和规律进行识别，从而生成接近真实情况的模拟数据，呈现规划区域在未来一定时期内的形态变化，以此预测方案的发展趋势（例如某种公共设施是否充足，某个出口的设置是否合理等），为方案改善和隐患预防提供有力的依据。

3. 智能设计云平台项目操盘节奏

小库科技的多维城市数据平台项目，是在其成熟的智能设计云平台的运

小库科技多维城市数据平台——深圳南头古城测试版

营基础上建设的。小库科技智能设计云平台以借助人工智能、大数据等高新技术改变建筑设计方式为目标，共分为三个阶段逐步实现该目标。前两个阶段主要关注平台建设，在平台建设成熟的基础上，通过第三阶段的产业链上下游合作，最后完成整个行业的平台服务升级。

3.1 第一阶段：收集整理相关数据，搭建平台整体框架

平台建设的第一阶段在云端服务器搭建数据库、AI 大脑（机器学习、深度学习算法）及核心算法（逻辑计算）三大组件，以 Web 页面向用户提供数据分析、AI 设计、多样输出（多种成果文件输出，如 CAD 文件、汇报 PPT 等）三大类服务。平台整体架构搭建完成后预留了相关的数据、应用接口，以方便后面阶段的扩展开发。后续细化功能包括在线圈地、基地评估、智能测算等数十种。

小库科技智能设计云平台架构及功能模块

阶段性成果：

在数据方面，智能设计云平台已集成国家、31个省区、229个城市的建筑规范、日照法规及行业标准；在分析、设计方面，智能设计云平台已有建筑设计、城市规划相关核心算法，并针对行业内多个最优化应用场景（如住宅区规划、地块功能最优组合等）训练了迭代的机器学习、深度学习算法；在呈现方面，智能设计云平台集成了空间三维建模、云端渲染等多种技术。

3.2 第二阶段：推进平台建设，逐步实现细化功能

3.2.1 实现规划、概念方案生成

智能设计云平台借助人工智能算法生成规划、概念方案，其中包括基地评估、住宅区规划、快速智能测算几个细分功能，可帮助用户快速高效地完成拿地阶段的分析评估。

3.2.2 实现借助人工智能算法进行方案设计

智能设计云平台借助人工智能对产品类型、不同货值、布局合理性、视野、间距和日照等进行从整体到细节的评估和判断，秒速生成上万个组合和布局方案，并结合用户需求和周边数据，智能地推荐和锁定优选方案。与平台配套建立了行业人工智能智库并持续收集积累优秀成熟的设计方案用于训练人工智能算法，以提升人工智能的设计质量。

3.2.3 平台可完成初步设计方案

智能设计云平台对建筑户型数据、立面数据及设计逻辑进行整理，并制作大量用于人工智能训练的标签数据。用户只需进行简单的偏好选择即可得到具体单个建筑的各层设计及幕墙设计方案。

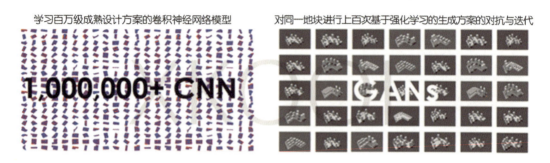

小库 AI 大脑——多种机器学习与深度学习模型

小库科技智能设计云平台生成的方案图已能够展示构建极细节

3.3 第三阶段：借助平台连接建筑行业中政府—开发商—设计院三方，助力产业互联网化

平台集成施工细节信息，包括建筑中某个窗户的边框材料、玻璃类型及相关供应商等。云端服务器统一储存处理相关信息，方便用户在各种终端便捷查看所需的施工图及建筑细节。

持续加强与政府、开发商、设计院三方的合作交流，待平台建设成熟后，政府可通过平台发标、审核、规划区域发展等；开发商可在线竞标、测算拿地方案、查看审核设计机构的方案等；设计院则通过平台获客、进行智能设计以及交付方案等。平台集成的数据及服务将促进三方的协同共赢，打造出互利共生的产业生态圈。

4. 多维城市数据平台项目操盘节奏

为应对现在城市规划管理中存在的信息分散、滞后，规划工具落后等问题，在智能设计云平台的基础之上，小库科技制定了四个阶段的发展计划，旨在打造一个多维城市数据平台，集成如今逐渐成熟的大数据、人工智能、移动互联网、云计算等技术，让城市"智慧"起来，让城市规划设计智能起来。

4.1 第一阶段：搭建平台框架，导入相关数据

多维城市数据平台框架包含四大模块：（1）感知模块，通过地理信息数据挖掘、AI街景图判别、社交媒体带地理标签的图片识别等技术感知城市空间以及在其中的人的活动；（2）分析模块，研究城市规划管理相关的数据分析模型，对数据进行因果分析、模式识别和规律解读，从而诊断城市规划、功能布局、空间利用等方面存在的问题；（3）决策模块，以城市数据和分析结果为依据，辅助拟定关于城市问题的决策；（4）评估模块，通过大数据挖

掘技术，对城市中人的行为变化和规律进行模拟，呈现目标区域在未来一定时期内的状态变化，如客流趋势、人流结构或方案建成后对周边的影响评估等。

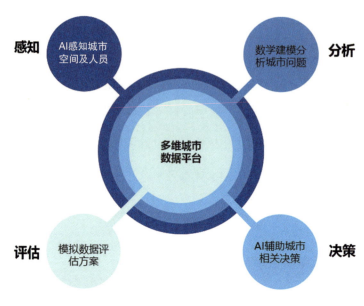

多维城市数据平台架构

阶段性成果：

小库科技在云服务器上搭建整个平台的框架，预留数据、算法的接口，并向平台数据库导入地理信息数据、来自地图 API 的交通数据、自行收集的及来自合作方的数据等。数据类型包括区域人流量、区域车流量、城市业态分布、区域经济等数十类。2016 年，小库科技与万科合作完成深圳车公庙大数据项目，通过对大数据的收集、整理、分析和标注，建立更加客观、科学的价值地图，提供更加直接、客观的设计依据。小库科技在该项目中尝试应用人流数据判断商业综合体开口位置。另外，平台的数据收集仍在持续进行中。

4.2 第二阶段：建立城市问题分析模型及公众互动机制

根据城市规划管理逻辑、特定的分析需求等，小库科技研究相应的数据分析模型，对数据进行因果分析、模式识别和规律解读，从而诊断城市规划、功能布局、空间利用等方面存在的问题。

小库科技根据城市规划管理需求设计数据分析模型，以数据分析结果辅助科学的城市决策，建立公众互动机制，充分接收公众对城市问题及城市规划方案的意见评论。

阶段性成果：

多维城市数据平台的测试版已完成并在2017年深港城市/建筑双城双年展中投入使用。在该实践中，小库科技与都市实践、未来建筑实验室利用多维城市数据平台在深圳南头古城城中村进行了获取数据、分析数据、可视化呈现数据尝试，将改造方案以AR的形式展示，并接收公众在线点评等。结果表明，本平台可完成对城市区域的整体评估和持续分析，从而优化民众与空间的关系。

4.3 第三阶段：实现智能规划设计功能

本阶段旨在整理城市规划设计理论逻辑，设计并实现合适的智能算法，智能生成优质的规划方案。重点功能包括呈现用地现状信息（城镇居住用地，公共设施用地，工业仓储用地，绿化与广场用地，水域、道路与交通设施用地等），地块功能最优组合计算，智能动态规划设计。

在规划中，平台可实时动态调整城市法令图则与详规，并及时反馈相应的城市设计成果。例如整个规划区域由总指标控制，各地块由分区指标控制，动态修改了某一地块的指标参数，除了被修改地块的设计方案会发生变化，其他相关地块的方案也会发生连动变化。

阶段性成果：

平台已实现初级版本，即雄安新区总规划与启动城市设计项目。小库科技与中国城市规划设计研究院、天津市城市规划设计研究院合作探索，利用本平台的智能规划算法高效完成优质方案。

4.4 第四阶段：模拟数据评估方案

平台通过大数据挖掘技术，对城市中人的行为变化和规律进行模拟，呈现目标区域在未来一定时期内的状态变化，如客流趋势、人流结构或方案建后对周边的影响评估等，从而可以预测方案的发展趋势，为城市决策提供可量化和质化的评估。

小库科技多维城市数据平台——智能规划设计
（动态调整地块指标，各地块方案连动变化）

5. 市场应用及未来展望

5.1 人工智能创新应用

人工智能在城市规划设计领域的应用是一种新型的尝试。小库科技联合建筑设计、计算机技术、城市规划等领域的专业人士，对城市规划设计的逻辑理论进行梳理整合，以人工智能、大数据、云计算等高新技术打造了智能设计云平台及多维城市数据平台，有以下应用实践。

5.1.1 快速测算及审图

智能设计云平台提供一系列实用的小工具帮助处于不同阶段的项目快速切入，例如智能测算及智能审图。智能测算工具根据用户所填参数、楼型组合、成本价格等信息，智能估算产品组合、楼栋数量、户型配比情况、楼型配比情况，以及最终的容积率、计容面积、货值、利润等信息，适合设计院、开发商在拿地阶段做产品估算所用。智能审图工具可精准识别用户上传的方案 CAD 文件，实时生成方案三维模型及呈现日照、规范校验结果，并提供经济技术指标 Excel 表格、日照分析图等几种成果文件下载服务。

5.1.2 地块功能最优组合计算

地块功能组合是城市规划中极为重要的一环，深刻影响城市性质、发展目标、发展规模、土地利用、空间布局以及各项建设和综合部署。小库科技通过结合规划设计逻辑理论与人工智能算法，用线性规划等科学计算模型求取地块功能组合的最优解。

5.1.3 区域规划与建筑设计

多维城市数据平台涵盖城市的过去及现状，通过智能算法生成能解决现存问题、能满足既定指标、能通过模拟推演测试的规划方案。在规划管理时可以直观便捷地判断与城市现有状况是否矛盾、管线是否"打架"、空间体量色彩等是否融合等，这将大大提高城市的规划水平和管理效率，从而提升经济效益。

在建筑设计方面，多维城市数据平台用户只需简单几步即可轻松实时获得小库科技通过智能算法生成的九个以上满足用户指标、当地规范和日照的方案，并可在线多视角查看方案三维模型、快捷地为建筑切换几种风格的表皮、手动调整方案、查看方案各项数据指标、显示户型组合等。平台真正做到为设计师省去机械重复的计算，提高设计效率及质量。

5.1.4 社区问题分析及优化

社区是城市空间最重要的元素之一，它的质量直接影响着居住其中的人们的生活质量。在如今改善市民生活环境的需求以及以"旧改"取代"拆除重建"的思想影响下，社区优化是当前很多城市的迫切需求。小库科技借助先进的科学技术对社区进行自动感知与分析评估，协助相关部门做出科学理性的优化决策，并通过模拟数据对优化方案进行推演评估。

5.2 未来展望

城市是随着人类社会高度发展而形成的一个复杂多元的系统，人类从天性上喜欢大街小巷、复合空间，而当代的城市规划却多数按功能进行划界分隔，缺乏多元功能的复合以及从城市整体的视角去审视局部区域的规划。究其原因，与各方信息资源不统一，规划部门缺乏有效的、基于高新技术的规划工具有很大关系。从总的趋势上看，未来城市从规划建设到运行管理的发展方向一定是信息化、系统化、透明化、高效化、互动化、直观化的，构建一个"智慧"的全量版数据城市规划系统，将有助于真正实现城市高效绿色的发展。

预计十年后，项目合作省份中的 50% 的城市将采用多维城市数据平台进行城市规划设计，形成产业链效应，以此避免建设冲突，节约成本，预计可在现有基础上节约 30% 的时间和 20% 的成本，具有巨大的经济效益。而且多维城市数据平台通过 AR 等技术公示规划方案，增加市民对城市发展管理的参与感，大大降低规划试错成本，避免不必要的浪费和重复投入，带来社会、经济等一系列良好的综合效应。另外，多维城市数据平台与小库科技目前的智能设计云平台进行结合将能更好地连通城市建筑行业的上下游企业，推动产业互联网的发展。

编委会点评

1. 社会效益

城市是个浩瀚的数据蓝海，人工智能在城市规划设计领域的应用依赖于充分的城市数据支持和强大的 AI 工具能力，同时需要建筑设计、计算机技术、城市规划等领域的专业人士跨界合作，才可以形成一个集数据采集、问题分析、规划设计、动态预测等功能为一体的多维城市数据平台。

2. 创新价值

小库科技的多维城市数据平台项目，有一个重要前提，是在小库科技成熟的智能设计云平台的运营基础上建设的。智能设计云平台面向个人建筑设计师提供 SaaS 服务，设计师将 CAD 文件上传至云平台，即可获得基地评估、智能设计、智能测算、智能编辑、智能审图及智能拿地报告等服务；同时面向设计院、开发商提供企业版服务。而构建在这样的建筑设计全行业赋能平台基础上的多维城市数据平台，更是小库科技技术能力和专业能力的集中展现，通过城市数据的 3D 化采集、分析、聚合，实现城市的多维化智能运营。从个人设计师，到设计院，到开发商，到城市规划者，小库科技用 AI 技术为建筑设计行业赋能，探索一条行业智能之路。

图书在版编目(CIP)数据

从创新,到未来:北大创新评论产业研究案例库:2019—2020 / 北大创新评论学术委员会编;张越主编. — 北京:北京大学出版社,2020.10
ISBN 978-7-301-31677-1

Ⅰ.①从… Ⅱ.①北… ②张… Ⅲ.①企业创新—案例—汇编—中国—2019-2020 Ⅳ.①F279.23

中国版本图书馆CIP数据核字(2020)第181353号

书　　　名	从创新,到未来——北大创新评论产业研究案例库(2019—2020) CONG CHUANGXIN, DAO WEILAI——BEIDA CHUANGXIN PINGLUN CHANYE YANJIU ANLI KU (2019—2020)
著作责任者	北大创新评论学术委员会　编　张越　主编
责 任 编 辑	杨玉洁
标 准 书 号	ISBN 978-7-301-31677-1
出 版 发 行	北京大学出版社
地　　　址	北京市海淀区成府路205号　100871
网　　　址	http://www.pup.cn
电 子 信 箱	yandayuanzhao@163.com
新 浪 微 博	@北京大学出版社　@北大出版社燕大元照法律图书
电　　　话	邮购部 010-62752015　发行部 010-62750672　编辑部 010-62117788
印 刷 者	北京九天鸿程印刷有限责任公司印刷
经 销 者	新华书店
	787毫米×1094毫米　16开本　20印张　246千字
	2020年10月第1版　2020年10月第1次印刷
定　　　价	128.00元

未经许可,不得以任何方式复制或抄袭本书之部分或全部内容。
版权所有,侵权必究
举报电话:010-62752024　电子信箱:fd@pup.pku.edu.cn
图书如有印装质量问题,请与出版部联系,电话:010-62756370